古典文獻研究輯刊

三八編

潘美月・杜潔祥 主編

第31冊

《說文解字》今注（第六冊）

牛尚鵬 著

國家圖書館出版品預行編目資料

《說文解字》今注（第六冊）／牛尚鵬 著 -- 初版 -- 新北市：
花木蘭文化事業有限公司，2024〔民 113〕
目 4+234 面；19×26 公分
（古典文獻研究輯刊 三八編；第 31 冊）
ISBN 978-626-344-734-9（精裝）
1.CST：說文解字 2.CST：注釋
011.08　112022600

ISBN-978-626-344-734-9
9786263447349

古典文獻研究輯刊
三八編　第三一冊　ISBN：978-626-344-734-9

《說文解字》今注
（第六冊）

作　者　牛尚鵬
主　編　潘美月、杜潔祥
總 編 輯　杜潔祥
副總編輯　楊嘉樂
編輯主任　許郁翎
編　輯　潘玟靜、蔡正宣　美術編輯　陳逸婷
出　版　花木蘭文化事業有限公司
發 行 人　高小娟
聯絡地址　235 新北市中和區中安街七二號十三樓
電話：02-2923-1455／傳真：02-2923-1400
網　址　http://www.huamulan.tw 信箱 service@huamulans.com
印　刷　普羅文化出版廣告事業
初　版　2024 年 3 月
定　價　三八編 60 冊（精裝）新台幣 156,000 元

《說文解字》今注
（第六冊）

牛尚鵬 著

目次

第六冊

卷八下

尺部

尺 chǐ　十寸也。人手卻十分動脈為寸口，十寸為尺。尺，所以指尺規矩事也。从尸，从乙。乙，所識也。周制：寸、尺、咫、尋、常、仞諸度量，皆以人之體為法。凡尺之屬皆从尺。〔昌石切〕

【注釋】

古代度量單位，微、忽、絲（秒）、毫、釐、分、寸、尺、丈、引，皆十進位。

古代的尺比較小，周代的尺大致 19 釐米左右，漢代的尺大致 22 釐米左右，現代的尺較大，33 釐米。故《說文》「夫」字云：「周制以八寸為尺。」謂漢代的八寸相當於周代一尺。漢代七尺為仞，於周代則八尺為仞。「尺紙」「尺牘」謂書信也，古代（周代）寫信的書簡長約一尺。見前「簡」字注。

段注：「古書亦借赤為之，赤子或作尺子。寸法人寸口，尺起於寸，咫法中婦人手。尋，八尺也，法人兩臂之長。常（十六尺）倍尋。周制：八寸為尺，十尺為丈。人長八尺，故曰丈夫。」見「仞」字注。

咫 zhǐ　中婦人手長八寸，謂之咫。周尺也。从尺，只聲。〔諸氏切〕

【注釋】

「中婦人」者，長短適中的婦人，即中等身高者。咫，八寸也，今有「近在咫尺」。

文二

尾部

尾 wěi　　微也。从到毛在尸後。古人或飾係尾，西南夷亦然。凡尾之屬皆从尾。〔無斐切〕今隸變作尾。

【注釋】

此聲訓也。今「二尾子」「尾巴」，音 yǐ，實乃「施」之訓讀音也。

段注：「《方言》曰：尾，盡也。尾，梢也。引申訓為後，如《晉語》：歲之二七，其靡有微兮。古亦叚微為尾。」

屬 zhǔ（属）　　連也。从尾，蜀聲。〔之欲切〕

【注釋】

本義是連接，今有「連屬」，同義連文。「屬文」者，謂作文也，顧名思義是把文字連起來。

屬之義項甚多，有聚集義，《孟子》：「乃屬其耆老而告之。」專注也，「屬耳於垣」「屬目」猶注耳、注目也。屬者，類也，生物學有「界門綱目科屬種」，今有「金屬」「親屬」。適逢也，《左傳》：「下臣不幸，屬當戎行。」又適才、剛剛也，《史記》：「天下屬安定，何故反乎？」適、屬一語之轉也，適也有此二義。

屈 qū　　無尾也。从尾，出聲。〔九勿切〕

【注釋】

屈本無尾之名，許訓無尾，對長尾言。短則盡、缺，故引申有竭盡義，賈誼《論積貯疏》：「生之有時，而用之無度，則物力必屈。」從「屈」之字多有短義，如：崛（山短高也）、鶌（鶌鳩也）。

段注：「無尾，短尾也。凡短尾曰屈，引申為凡短之稱，山短高曰崛，其類也。今人屈伸字古作詘申，不用屈字，此古今字之異也。鈍筆曰掘筆，短頭船曰撅頭，皆字之假借也。」

尿 niào　　人小便也。从尾，从水。〔奴弔切〕

【注釋】

甲骨文作、，像人尿於地之形。古書多假溺為尿。溺，水名也。今罵人「你這個 suī 貨」「suī 了吧」，字寫出來即尿字。方言中尿液叫 suī，天津話有「尿一泡 suī」，河南話把膀胱叫「suī 脬」。《紅樓夢》中戲稱王熙鳳喝過「猴子 suī」。

suī 這個詞，義為尿液，但無書寫形式，用尿字來書寫，但仍讀 suī，即義同換讀。suī 是尿的訓讀音。

文四

履部

履lǚ　足所依也。从尸，从彳，从夂，舟象履形。一曰：尸聲。凡履之屬皆从履。〔良止切〕古文履，从頁，从足。

【注釋】

許慎解字，旨在解釋字的本義，然所釋之義，很多為引申義。履的本義不是名詞鞋子，而是動詞踩。鞋子先秦叫屨，戰國以後，履才作為名詞鞋子，故《詩經》：「糾糾葛屨，可以履霜。」分別判然。履有腳步義，今有「步履輕盈」。

段注：「古曰屨，今曰履。古曰履，今曰鞵。名之隨時不同者也。引申之訓踐，如『君子所履』是也。又引申之訓祿，《詩》：福履綏之。毛傳曰：履，祿也。又引申之訓禮，履、禮為疊韻，履、祿為雙聲。」

屨jù　履也。从履省，婁聲。一曰：鞮也。〔九遇切〕

【注釋】

屨的本義是名詞鞋子。許以履之後起義鞋子作訓釋也。屨亦引申踐踏義，揚雄《羽獵賦》：「屨般首（猛獸名）。」

段注：「晉蔡謨曰：今時所謂履者，自漢以前皆名屨。然則履本訓踐，後以為屨名，古今語異耳，許以今釋古，故云古之屨即今之履也。《周禮・屨人》：掌為舄屨。鄭云：『複下曰舄，襌下曰屨。古人言屨以通於複，今世言屨以通於襌，俗易語反與？』《方言》：屝、屨、麤，履也。履其通語也。」

歷lì　履下也。从履省，歷聲。〔郎擊切〕

【注釋】

履下者，鞋底也。今「履歷」之本字也。段注：「謂履之底也，行地經歷者。今人言履歷當用此字。」

屐 xù　履屬。从履省，予聲。〔徐呂切〕

屩 juē　屐也。从履省，喬聲。〔居勺切〕

屐 jī　屩也。从履省，支聲。〔奇逆切〕

【注釋】

屩，草鞋也。屐，木底鞋，李白詩：「腳蹬謝公屐。」今日本人仍穿木屐。二者互訓，混言不別。

段注：「按《釋名》云：屐，搘（支撐）也。為兩足搘以踐泥也。又云：屩，不可踐泥也。屐，踐泥者也。然則屐與屩有別。」

文六　重一

舟部

舟 zhōu　船也。古者，共鼓、貨狄刳木為舟，剡木為楫，以濟不通。象形。凡舟之屬皆从舟。〔職流切〕

【注釋】

舩，船之俗字。古文字舟很像履形，故許書二部相連。許書安排部首有二原則：一以類相從；二據形系聯。

舟者，周也，得名於在水中可以旋轉。輈乃彎曲的車轅，州乃水中小圓島。舟現多指小船。船從般得聲，從般之字多有大義，故船當指大船，後泛化。

段注：「《邶風》：方之舟之。傳曰：『舟，船也。』古人言舟，漢人言船，毛以今語釋古，故云舟即今之船也。」《左傳》用舟，《史記》皆用船。

俞 yú　空中木為舟也。从亼，从舟，从巜。巜，水也。〔羊朱切〕

【注釋】

用中空的木頭為舟。上古作為應答之詞，《爾雅》：「俞、答，然也。」《尚書》：「帝曰：俞，予聞，如何？」多在《尚書》中出現。

段注：「空中木者，舟之始。並板者，航之始。如椎輪（無輻車輪）為大路之始。

其始見本空之木用為舟，其後因刳木以為舟，凡穿窬、廁牏皆取義於俞。」從俞之字多有空義，如匬（甌，器也）、窬（穿木戶也）。

船 chuán　　舟也。从舟，鉛省聲。〔食川切〕

【注釋】

段注：「古言舟，今言船。如古言屨，今言鞋。舟之言周旋也，船之言泝沿也。」

彤 chēn　　船行也。从舟，彡聲。〔丑林切〕

【注釋】

此「高宗肜日」之本字也。肜指祭祀之後第二天又進行的祭祀。

段注：「夏曰復胙，商曰肜，周曰繹，即此字。取舟行延長之意也。其音以戎切，其字《毛詩》箋作融。」羅振玉《增訂殷虛書契考釋》：「《尚書》肜日字不見許書，段玉裁謂即此字，彤義為不絕，卜辭正像相續不絕形。」

舳 zhú　　艫也。从舟，由聲。《漢律》：名船方長為舳。一曰：舟尾。〔臣鉉等曰：當从冑省，乃得聲。〕〔直六切〕

【注釋】

舳艫常用義為二：一船尾和船頭；二首尾銜接的大船，如「舳艫千里」。

段注：「各本艫上刪舳字，今補。引三字為句，非以艫釋舳也，此釋舳艫之謂，二字不分析者也。下文分釋謂船尾舳，謂船頭艫，此分析者也。一曰：船尾。此單謂舳字也，《方言》曰：舟後曰舳。」

艫 lú　　舳艫也。一曰：船頭。从舟，盧聲。〔洛乎切〕

【注釋】

段注：「一曰：船頭。此單謂艫字也。李裴注《武帝紀》亦云：舳，船後持柁處。艫，船頭刺棹處。說與許同。而《小爾雅》：艫，船後也。舳，船前也。與許異。」

舠 wù　　船行不安也。从舟，从刖省。讀若兀。〔五忽切〕

艐 zōng　　船著沙不行也。从舟，嵏聲。讀若莘。〔子紅切〕

【注釋】

又作屆之古字，《爾雅》：「艐，至也。」

段注：「郭注《方言》云：艐，古屆字。按《釋詁》《方言》皆曰：艐，至也。不行之義之引申也。」

舟ㅈ zhèn（朕）　　我也。闕。〔直禁切〕

【注釋】

隸變作朕。朕之常用義，徵兆也，縫隙也，兆、釁也有此二義，同步引申也。秦以前第一人稱均可用朕，《離騷》：「朕皇考曰伯庸。」秦始皇以後專用皇帝自稱。

段注改為「舟縫也」，云：「本訓舟縫，引申為凡縫之稱。凡言朕兆者，謂其幾甚微，如舟之縫、如龜之坼，凡勝、騰、滕、縢、賸皆以朕為聲。《釋詁》曰：朕，我也。此如卬、吾、台、余之為我，皆取其音，不取其義。趙高之於二世，乃曰天子所以貴者，但以聞聲，群臣莫得見其面，故號曰朕。」

舫 fǎng　　船師也。《明堂月令》曰：舫人。習水者。从舟，方聲。〔甫妄切〕

【注釋】

段注刪「師」字。

本義是二船相併，乃方之後起俗字。《說文》：「方，並船也。」今泛指船，如「畫舫」。方之常用義，泭也，即小竹筏或小木。《詩·邶風·谷風》：「就其深矣，方之舟之。」高亨注：「方，以筏渡；舟，以船渡。」舫是並兩船，「舫舟」謂併合兩艘小船來載人，也作「方舟」。「舫船」即舫舟。見「方」字注。

段注：「《篇》《韻》皆曰：舫，並兩船。是認舫為方也，舫行而方之本義廢矣，舫之本義亦廢矣。」

般 bān　　辟也。象舟之旋。从舟，从殳。殳，所以旋也。古文般，从支。〔北潘切〕

【注釋】

辟，盤旋也。般是盤之古文，引申為盤旋。從般之字、之音多有大義。《爾雅》：「般，樂也。」常用遊樂義。

段注：「《釋言》曰：般，還也。還者今之環字，旋也。荀爽注《易》曰：盤桓者，動而退也。般之本義如是，引申為般遊、般樂。」

服 fú　　用也。一曰：車右騑，所以舟旋。从舟，𠬝聲。〔房六切〕古文服，从人。

【注釋】

本義是使用，今有「服用一片藥」，「服用」同義連文。服有佩帶義，如「服太阿之劍」，今有「佩服」。從事義，今有「服田力穡」，「服農」即務農，今有「服務」，同義連文也。又有習慣義，今有「不服水土」。又駕馭、拉車，如「驥垂兩耳，服鹽車兮」。古有「服牛乘馬」。

「一曰：車右騑」者，古代駕轅的二匹馬叫服馬，兩邊的馬叫驂馬或騑馬。析言之，左驂右騑。

段注：「古者夾轅曰服馬，其旁曰驂馬，此析言之。許意謂渾言皆得名服馬也，獨言右騑者，謂將右旋則必策最右之馬先向右，左旋亦同，舉右以晐左也。」

文十二　重二

舸 gě　　舟也。从舟，可聲。〔古我切〕

【注釋】

大船稱舸，今有「百舸爭流」。從可之字多有大義，見前「荷」字注。

艇 tǐng　　小舟也。从舟，廷聲。〔徒鼎切〕

【注釋】

從廷之字多有小義，見前「珽」字注。

艅 yú　　艅艎，舟名。从舟，余聲。經典通用余皇。〔以諸切〕

【注釋】

艅艎，大船也。

艎 huáng　　艅艎也。从舟，皇聲。〔胡光切〕

文四　新附

方部

方 fāng　　並船也。象兩舟省，總頭形。凡方之屬皆从方。〔府良切〕

方，或从水。

【注釋】

二船相併也。後作舫。今有「諾亞方舟」，「方舟」即舟也，同義連文。蓋早期的翻譯者用了漢語的古語詞，今人多不知方有舟義，多釋方舟為方形的舟。見「舫」字注。

方本義是兩船並行，引申出並義，《後漢書》：「車騎不得方駕。」謂並行也。引申出相比義，如「豔麗不可方物」，今有「比方」。方者，正也。既有正直義，如「志行忠方」。又有副詞將要、正在義，常「方將」連用，《詩經》：「方將萬舞。」有才義，如「書到用時方恨少」，今有「方才」。又種類也，如「方以類聚，物以群分」，今有「儀態萬方」。又有還義，今有「來日方長」。

徐中舒《耒耜考》：「方象耒，上短橫象柄首橫木，下長橫即足所蹈履處，旁兩短畫或即飾文。古者秉耒而耕，刺土曰推，起土曰方。」

斻 háng（航、杭）　　方舟也。从方，亢聲。《禮》：天子造舟，諸侯維舟，大夫方舟，士特舟。〔臣鉉等曰：今俗別作航，非是。〕〔胡郎切〕

【注釋】

今作航，或杭。航之本義是船，《倚天屠龍記》回目有「窮髮十載泛歸航」。歸航者，歸船也。渡河也叫航，今有「航行」。據傳大禹治水後南巡，大會諸侯與會稽，曾乘舟航行經過今杭州一帶，並捨其杭於此，故名「餘杭」。

段注：「空中木者，舟之始。並板者，航之始。《衛風》：一葦杭之。毛曰：杭，渡也。杭即斻字，《詩》謂一葦可以為之舟也。舟所以渡，故謂渡為斻。始皇臨浙江，水波惡，乃西百二十里從狹中渡，其地因有餘杭縣。」

文二　重一

儿部

儿 rén　　仁人也。古文奇字人也。象形。孔子曰：在人下，故詰屈。凡儿之屬皆从儿。〔如鄰切〕

【注釋】

此人之古文也，人作下部偏旁時常變形作儿，今簡化漢字作兒之簡化字。

段注：「故大象人形，古文亣也。亣下曰：籀文大。則例正同，亣與儿之義已見於大與人之下，故皆不必更言其義。今俗本『古文奇字』之上妄添『仁人也』三字，是為蛇足。同字而必異部者，異其从之之字也。」

兀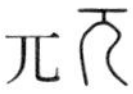 wù　　高而上平也。从一在人上。讀若敻。茂陵有兀桑里。〔五忽切〕

【注釋】

段注：「凡从兀聲之字多取孤高之意。」

今有「突兀」者，高而平也。《阿房宮賦》：「蜀山兀，阿房出。」引申有高聳義。又指茫然無知貌，柳宗元《讀書》：「臨文乍了了，徹卷兀若無。」「兀者」指受過刖刑者。元曲中發語詞，「兀那賤人」，相當於哎！

兒 ér（儿）　　孺子也。从儿，象小兒頭囟未合。〔汝移切〕

【注釋】

本義是小孩。今簡化漢字作儿，兒之俗字也。甲文作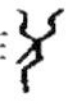、，李孝定《甲骨文字集釋》：「象總角之形。」

古者女子可自稱兒，《孔雀東南飛》：「蘭芝慚阿母，兒實無過矣。」古者奴、婢可稱為兒，「呼兒烹鯉魚」「侍兒扶起嬌無力」，皆奴、婢也。「兒女子」猶小女子也，蔑稱。兒有小義，猶孫有小義，「孫枝」即小枝。

段注：「《雜記》謂之嬰兒，《女部》謂之嫛婗。兒、孺雙聲，引申為凡幼小之稱。」

允 yǔn　　信也。从儿，㠯聲。〔樂準切〕

【注釋】

㠯，隸變作以。本義是誠信，《爾雅》：「允，信也。」引申為公平義，今有「公允」。又引申為副詞確實。信有誠信義，亦有確實義，同步引申也。

兌 duì　　說也。从儿，㕣聲。〔臣鉉等曰：㕣，古文兗字，非聲。當从口，从八，象氣之分散。《易》曰：兌為巫，為口。〕〔大外切〕

【注釋】

兌乃悅之初文。《周易》有兌卦，兌者，悅也，此卦是好卦，代表澤。艮者，很也，此卦是壞卦，不順，代表山。

常用義換也，今有「兌現」,「兌換」同義連文。有洞穴義，《老子》:「塞其兌，閉其門。」有尖銳義，通「銳」，如「上兌下大」。

充 chōng　　**長也，高也。从儿，育省聲。〔昌終切〕**

【注釋】

今有「充盈」「充斥」「充耳不聞」，充皆為滿義。《廣雅》:「充，滿也。」《小爾雅》:「充，塞也。」滿、長、高義相因也。

文六

兄部

兄 xiōng　　**長也。从儿，从口。凡兄之屬皆从兄。〔許榮切〕**

【注釋】

甲骨文作，象人張口對天祝禱之形，兄是祝之本字，主祭者為長兄。本楊樹達說。

段注:「古長字不分平上，其音義一也，長短、滋長、長幼皆無二義。兄之本義訓益，許所謂長也。許不云茲者，許意言長則可晐長幼之義也。」

兢 jīng　　**競也。从二兄。二兄，競意。从丰聲。讀若矜。一曰：兢，敬也。〔居陵切〕**

【注釋】

兢，強也。《詩經》:「爾羊來思，矜矜兢兢，不騫不崩。」矜矜、兢兢皆強健之貌。「一曰：兢，敬也」者，「兢兢」，又恐懼、謹敬貌，《爾雅》:「兢兢，懼也。」今有「戰戰兢兢」「兢兢業業」,「業業」亦恐懼貌。

文二

兂部

兂 zān（簪）　首笄也。从人，匕象簪形。凡兂之屬皆从兂。 俗兂，从竹，从朁。〔側岑切〕

【注釋】

今通行重文簪，兂乃簪之初文。見「釵」字注。引申在頭上插戴，如「簪筆」「簪花仕女圖」。宋人男子有簪花習俗，《水滸傳》中可見一斑。

段注：「古言笄，漢言兂，此謂今之兂即古之笄也。兂必有岐，故又曰叉，俗作釵。《釋名》曰：叉，枝也。因形名之也，篆右象其叉，左象其所抵以固弁者，今俗行而正廢矣。」

兟 jīn　兟兟，銳意也。从二兂。〔子林切〕

【注釋】

今尖之古字也。段注：「凡俗用鑯尖字即兟字之俗。」《說文》有鑯無尖，尖乃鑯之俗字，而兟又乃鑯之古字也。

文二　重一

皃部

皃 mào（貌）　頌儀也。从人，白象人面形。凡皃之屬皆从皃。〔莫教切〕 皃，或从頁，豹省聲。 籀文皃，从豹省。

【注釋】

今通行重文貌。頌儀者，容貌也。頌者，音 róng，容貌之本字也。見「頌」字注。引申動詞描繪義，貌、描同源詞也。杜甫《丹青引》：「屢貌尋常行路人。」

段注：「《頁部》曰：頌，皃也。此曰：皃，頌儀也。是為轉注。頌者今之容字，必言儀者，謂頌之儀度可皃象也。凡容言其內，皃言其外，引申之，凡得其狀曰皃。析言則容、皃各有當，累言則曰容貌。」

覍 biàn（弁、卞）　冕也。周曰弁，殷曰吁，夏曰收。从皃，象形。〔皮變切〕 籀文覍，从廾，上象形。 或覍字。

【注釋】

今通行重文弁。因戴在頭上，故引申出開始義，放在篇首的話稱為「弁言」。弁字隸變為卞，與弁字異形別用。卞有法、法規義，《尚書》：「率循大卞。」又有性急義，今有「卞急」。

弁與冕有別。冕者，帝王之冠。見「冠」字注。弁分兩種，一爵弁，類似無旒之冕；二皮弁，類似瓜皮帽。弁乃冠禮時所用。赤黑色的布做的叫爵弁，是文冠；皮弁乃用白鹿皮做成，是武冠。古者冠禮有所謂「三加」，首加緇布冠，次加皮弁冠，三加爵弁冠。加了皮弁冠代表可以服兵役，所以皮弁後常為武官所戴，後代指武官，專指低級武官，如「武弁」「馬弁」。

段注：「其引申之義為法，如《顧命》：率循大弁。亦為大，如鄭云：所以自光大。又假借為昪樂字，如《詩・小弁》傳曰：弁，樂也。即《衛風》傳之盤樂也。弁樂之反為弁急，如《左傳》：邾莊公卞急。今則或字行而正字廢矣，弁之訛俗為卞，由隸書而貤謬也。」

文二　重四

𠑹部

𠑹  gǔ　**廱蔽也。从人，象左右皆蔽形。凡𠑹之屬皆从𠑹。讀若瞽。〔公戶切〕**

【注釋】

段注：「此字經傳罕見，音與蠱同，則亦蠱惑之意也。《晉語》曰：在列者獻詩，使勿兜。疑兜或當為𠑹，韋曰：兜，惑也。」

兜 dōu　**兜鍪，首鎧也。从𠑹，从皃省。皃象人頭也。〔當侯切〕**

【注釋】

本義是頭盔。引申出蒙蔽義，《國語》：「在列者獻詩，使勿兜。」冒也有帽子義，也有蒙蔽義，同步引申也。

段注：「鎧者，甲也。鍑屬曰鍪，首鎧曰兜鍪，謂其形似鍪也。《冃部》曰：冑，兜鍪也。古謂之冑，漢謂之兜鍪。」

文二

先部

先 xiān　　前進也。从儿（人），从之。凡先之屬皆从先。〔臣鉉等曰：人之上，是先也。〕〔穌前切〕

【注釋】

楊樹達《積微居小學述林》：「古之、止為一文，先从人从止，而義為前進，猶見从人目為視，企从人止為舉踵也。」

先有前義，不是表方位，而是表時間。《禮記》：「婦人先嫁三月，祖廟未毀，教於公宮；祖廟既毀，教於宗室。教以婦德、婦言、婦容、婦功。」謂婦人出嫁前三月也。稱古代的人為「先民」，「先民」猶前人也。北京有「先農壇」。死去的也謂之先，如「先王」「先君」「先父」。

兟 shēn　　進也。从二先。贊从此。闕。〔所臻切〕

文二

禿部

禿 tū　　無髮也。从人，上象禾粟之形，取其聲。凡禿之屬皆从禿。王育說：蒼頡出見禿人伏禾中，因以制字。未知其審。〔他谷切〕

【注釋】

段注：「引申之，凡不銳者曰禿。其實秀與禿古無二字，殆小篆始分之。今人禿頂亦曰秀頂，是古遺語。凡物老而椎鈍皆曰秀，如鐵生衣曰銹。」出見，偶見也。

穨 tuí（頹）　　禿貌。从禿，貴聲。〔杜回切〕

【注釋】

今俗字作頹。常用義有二：一倒塌也，今有「傾頹」。二墜落也，如「紅日向西頹」，引申衰敗義，今有「頹廢」。

文二

見部

見 jiàn（见）　　視也。从儿，从目。凡見之屬皆从見。〔古甸切〕

【注釋】

见乃草書楷化字形。

見、視析言有分，混言不別。視強調動作，見強調結果，不但看了，而且看見了，今有「視而不見」。見放動詞前，表示對自己如何，是一種帶有代詞性的副詞。今「見教」「見諒」猶教我、諒我也。古無現字，凡出現的意義都寫作見。

段注：「析言之有視而不見者、聽而不聞者，渾言之則視與見、聞與聽一也。」

視 shì　瞻也。从見、示。〔神至切〕古文視。亦古文視。

【注釋】

本義是看，引申為治理義，如「視事」，謂辦公也。聽也有此義，如「垂簾聽政」。視有比義，表比較，如「視前者有過之而無不及」。又有活、生存義，如「長生久視」。

段注：「《目部》曰：瞻，臨視也。視不必皆臨，則瞻與視小別矣，渾言不別也。引申之義，凡我所為使人見之亦曰視，《小雅》：視民不恌。箋云：視，古示字也。古作視，漢人作示，是為古今字。」

覼 lì　求視也。从見，麗聲。讀若池。〔郎計切〕

【注釋】

察看。

覣 wēi　好視也。从見，委聲。〔於為切〕

【注釋】

和好的眼色。好視者，和好之視也。委者，順也，聲兼義也。

覞 nì　笑視也。从見，兒聲。〔五計切〕

【注釋】

同「睨」，段注改作「旁視也」，云：「《目部》曰：睨，衺視也。二字音義皆同。」

覶 luó　好視也。从見，𤔔聲。〔洛戈切〕

䚄 lù　笑視也。从見，彔聲。〔力玉切〕

【注釋】

段注：「嬉笑之視也。《目部》曰：睩，目睞謹也。《廣韻》曰：䚄，眼曲䚄也。」曲䚄即骨碌，蓋今「眼睛骨碌一轉」之本字也。

䚃 xuǎn　大視也。从見，爰聲。〔況晚切〕

【注釋】

從爰之字多有大義，見前「暖」字注。《目部》：「暖，大目也。」

覝 lián　察視也。从見，㶣聲。讀若鎌。〔力鹽切〕

【注釋】

廉有察看義，如「廉訪使」，本字當作覝。

段注：「密察之視也。《高帝紀》：廉問。師古注曰：『廉，察也。字本作覝，其音同耳。』按史所謂廉察皆當作覝，廉行而覝廢矣。」

䚋 yùn　外博眾多視也。从見，員聲。讀若運。〔王問切〕

【注釋】

從員之字、之音多有眾多義。䚋，物數紛䚋亂也，今作紛紜。

觀 guān　諦視也。从見，雚聲。〔古玩切〕　古文觀，从囧。

【注釋】

观乃符號代替俗字，類似權（权）、歡（欢）。

仔細地看叫觀，今有「觀察」。觀有觀看義，讓別人觀看即顯示義，《呂氏春秋》：「此其所以觀後世也。」今有「觀兵」，謂炫耀武力也。

作名詞時，觀之意義演變有三：最早是觀闕義，即闕，又叫象魏，即宮殿前的兩個高臺，上有房屋，高臺中間有路。後指宮廷裏面的觀閣，如白虎觀，漢代宮觀名，在未央宮中；東觀是宮中藏書之所，位於東漢洛陽南宮內，史書有《東觀漢記》，因在東觀校書而得名。道教的廟宇最為後起，是為道觀，如玄都觀。

段注：「《穀梁傳》曰：『常事曰視，非常曰觀。』凡以我諦視物曰觀，使人得以諦視我亦曰觀。猶之以我見人、使人見我皆曰視，一義之轉移，本無二音也，而學者強為分別。《小雅・采綠》傳曰：觀，多也。此亦引申之義，物多而後可觀，故曰：觀，多也。猶灌木之為藂木也。」

㝵 dé　取也。从見，从寸。寸，度之，亦手也。〔臣鉉等案：《彳部》作古文得字，此重出。〕〔多則切〕

【注釋】

今「取得」之初文也，隸變作㝵。

覽 lǎn　觀也。从見、監，監亦聲。〔盧敢切〕

【注釋】

览乃草書楷化字形。覽即看也，《離騷》：「皇覽揆余初度兮，肇錫余以嘉名。」今人有余嘉錫。今有「博覽群書」。

段注：「以我觀物曰覽，引申之使物觀我亦曰覽。《史記・孟荀列傳》：為開第康莊之衢，高門大屋尊寵之，覽天下諸侯賓客，言齊能致天下賢士也。」

覩 lài　內視也。从見，來聲。〔洛代切〕

題 tí　顯也。从見，是聲。〔杜兮切〕

【注釋】

段注：「題之為言，亦察及微杪也。《小雅》：題彼脊令。傳曰：題，視也。題者，題之假借字。」

覭 piǎo　目有察省見也。从見，票聲。〔方小切〕

【注釋】

段注：「今江蘇俗謂以目伺察曰瞟，音如瓢上聲。」又段注：「目偶有所見也，伺者有意，覭者無心，今俗語尚云覭，與《目部》之瞟，音義皆同。」

覩 cì　覩覷，窺觀也。从見，朿聲。〔七四切〕

覰 qù（覷）　　拘覰，未緻密也。从見，虘聲。〔七句切〕

【注釋】

俗作覷。今「狙擊」之本字也。狙者，窺伺也。狙的本義是猴子，成語「朝三暮四」，養猴子的人叫狙公，非本字明矣。

段注：「覰古多假狙為之。狙，伏伺也。《三倉》：狙，伺也。《通俗文》：伏伺曰狙。是則覰、狙古今字。」

覭 míng　　小見也。从見，冥聲。《爾雅》曰：覭髳，弗離。〔莫經切〕

【注釋】

段注：「如溟之為小雨，皆於冥取意。《釋言》曰：冥，幼也。」從冥之字多有小義，如嫇，嫇嫇，小人貌。今有蠓蠓蟲者，小飛蟲也。

覘 dān　　內視也。从見，甚聲。〔丁含切〕

【注釋】

眈之異體也。段注：「《隸釋・張壽碑》：覘覘虎視，不折其節。覘與眈音義皆同，眈下曰視近，此曰內視。」

覯 gòu　　遇見也。从見，冓聲。〔古后切〕

【注釋】

本義是遇到，《詩經》：「覯閔既多，受侮不少。」今有「希世罕覯」。引申為看見，《詩經》：「迺陟南岡，迺覯于京。」從冓之字多有交合、相遇義，見前「冓」字注。

段注：「《辵部》曰：遘，遇也。覯從見，則為逢遇之見。《召南・草蟲》曰：亦既見止，亦既覯止。傳曰：覯，遇也。此謂覯同遘。」

䙆 kuī　　注目視也。从見，歸聲。〔渠追切〕

覘 chàn　　窺也。从見，占聲。《春秋傳》曰：公使覘之，信。〔敕豔切〕

覹 wéi　　司也。从見，微聲。〔無非切〕

【注釋】

從微聲，聲兼義。段注：「《廣韻》曰：⿰目微，伺視也。於从微取意，⿰目微同覹。」

覢 shǎn　暫見也。从見，炎聲。《春秋公羊傳》曰：覢然公子陽生。〔失冉切〕

【注釋】

《說文》：「閃，窺頭門中也。」同源詞也。

覾 bìn　暫見也。从見，賓聲。〔必刃切〕

⿰樊見 fán　覾⿰樊見也。从見，樊聲。讀若幡。〔附袁切〕

⿰氏見 mí　病人視也。从見，氏聲。讀若迷。〔莫兮切〕

⿰卣見 yóu　下視深也。从見，卣聲。讀若攸。〔以周切〕

覙 chēn　私出頭視也。从見，彤聲。讀若郴。〔丑林切〕

【注釋】

段注：「『閃』下曰：窺頭門中也。『闖』下曰：馬出門皃也。音義皆略同。」

⿱冃見 méng / mào　突前也。从見、冃。〔臣鉉等曰：冃，重複也。犯冃而見，是突前也。〕〔莫紅、亡沃二切〕

覬 jì　𣢟幸也。从見，豈聲。〔几利切〕

【注釋】

𣢟幸者，同義連文，希望也。本義是希望得到，今有「覬覦」，非分之希望也。

覦 yú　欲也。从見，俞聲。〔羊朱切〕

⿱舂見 chuāng　視不明也。一曰：直視。从見，舂聲。〔丑尨切〕

【注釋】

段注：「此與《心部》『懮，愚也』音義同。」

覞 yào　　視誤也。从見，龠聲。〔弋笑切〕

覺 jué　　寤也。从見，學省聲。一曰：發也。〔古岳切〕

【注釋】

觉乃草書楷化字形。

本義是睡醒了。「一曰：發也」，即今之發覺，《史記》：「長信侯嫪毐作亂而覺。」「睡覺」古代無睡眠義，只表睡醒，見「睡」字注。覺有比較、相差義，猶較也，曹操云：「我才不及卿，乃覺三十里。」

覲 jí　　目赤也。从見，𩞁省聲。〔臣鉉等曰：𩞁非聲，未詳。〕〔才的切〕

靚 jìng　　召也。从見，青聲。〔疾正切〕

【注釋】

本義是召見，古有「奉朝請」，本字當是靚。請之拜見義，本字皆當作靚。《廣雅》：「靚，請也。」

段注：「《廣韻》曰：『古奉朝請亦作此字。』按《史記》《漢書》皆作朝請，徐廣云：律，諸侯春朝曰朝，秋曰請。」

又有裝飾、打扮義，音 jìng，今有「靚飾」「靚妝」。本字當作彭，《說文》：「彭，清飾也。」又有漂亮義，形容詞，音 liàng，多為南方方音，如「靚女」「靚仔」，liàng 為訓讀音。倞音 jìng，又音 liàng，liàng 亦為訓讀音。

親 qīn（亲）　　至也。从見，亲聲。〔七人切〕

【注釋】

簡化字亲乃省旁俗字。《說文》：「䟢，足親地也。」用的正是本義。

段注：「情意誠到曰至，父母者，情之最至者也，故謂之親。」古代的「親」範圍窄，只指雙親，《戰國策》：「馮公有親乎？」古代「親戚」範圍寬，可包括父母、兄弟，今則不包括。親可指新婦，如「取親」。

覲 jìn　諸侯秋朝曰覲，勞王事。从見，堇聲。〔渠吝切〕

【注釋】

春天朝見叫朝，夏天朝見叫宗。明代侯方域，字朝宗。秋天朝見叫覲，也叫請，常「朝覲」連用，冬天朝見叫遇。

本義是朝見天子，後泛指拜見，《左傳》：「宣子私覲於子產。」朝亦有此二義。朝的範圍更寬，子見父母，拜訪親友亦可用朝，《史記》：「臨邛令繆為恭敬，日往朝相如。」

覜 tiào　諸侯三年大相聘曰覜。覜，視也。从見，兆聲。〔他弔切〕

【注釋】

古代諸侯聘問天子之禮。又同「眺」。

段注：「《王制》曰：諸侯之於天子也，比年一小聘，三年一大聘，五年一朝。鄭說殷覜，不用三年大聘之說，許則以《周禮》之覜即三年大聘。」

殷覜亦作「殷眺」，周代諸侯定期派使臣朝見天子的禮制。《周禮·春官·大宗伯》：「時聘曰問，殷覜曰視。」《周禮·秋官·大行人》：「時聘以結諸侯之好，殷覜以除邦國之慝。」《大戴禮記·朝事》覜作「眺」，孔廣森補注：「諸侯之於天子也，比年一小聘，三年一大聘。時聘，小聘也。殷眺，大聘也。」

覒 máo　擇也。从見，毛聲。讀若苗。〔莫袍切〕

【注釋】

《詩經》「參差荇菜，左右芼之」之本字也。芼，擇也。

段注：「按《毛詩》作芼，擇也。蓋《三家詩》有作覒者，《廣韻》：邪視也。」

覕 miè　蔽不相見也。从見，必聲。〔莫結切〕

【注釋】

段注：「覕之言閟也，祕也。」

覗 shī　司人也。从見，它聲。讀若馳。〔式支切〕

【注釋】

司人者，伺候人也。《爾雅》「戚施，面柔也」之本字也。

段注：「司者，今之伺字。《釋訓》曰：戚施，面柔也。郭云：戚施之疾不能仰，面柔之人常俯，似之，亦以名云。《釋文》云：戚施，字書作規覭同。按：面柔之人，不敢專輒，必伺人顏色，故云爾。」

覴 dōu　目蔽垢也。从見，㿟聲。讀若兜。〔當侯切〕

文四十五　重三

覿 dí　見也。从見，賣聲。〔徒歷切〕

【注釋】

今簡化字觌乃草書楷化字形。賣隸變後跟賣同形，賣音 yù，喻母四等歸定母。

文一　新附

覞部

覞 yào　並視也。从二見。凡覞之屬皆从覞。〔弋笑切〕

覵 qiān　很視也。从覞，肩聲。齊景公之勇臣有成覵者。〔苦閑切〕

䚀 xì　見雨而比息。从覞，从雨。讀若欷。〔虛器切〕

文三

欠部

欠 qiàn　張口气悟也。象气从人上出之形。凡欠之屬皆从欠。〔去劍切〕

【注釋】

悟，解散也。本義是打哈欠，人在疲倦時張口出氣，如「欠伸」，故從欠之字多跟出氣相關。氣出則不足，故引申出缺乏不夠，如「身體欠安」「欠打」。今有身體稍稍向上移動謂之「欠身」，則後起義也。

段注：「《口部》嚏下曰：悟解氣也。人倦解，所謂張口氣悟也，謂之欠，亦謂之嚏。今俗曰呵欠。又欠者，氣不足也，故引申為欠少字。」

鵬按：嚏是打噴嚏，欠是打哈欠，二者非一事。「嚏」字下段氏辨析甚詳甚精。許書認為欠、嚏一事，段氏已駁之。此處段氏又言相同，自相矛盾，不知何故。蓋段氏注許書，前後綿延四十餘載，首尾失顧故也。見「嚏」字注。

欽 qīn　　欠貌。从欠，金聲。〔去音切〕

【注釋】

簡化字钦乃草書楷化字形，钅旁亦金之草書楷化。本義是打哈欠的樣子。

常用義是敬，《爾雅》：「欽，敬也。」欽佩者，敬佩也。古代觀察天象，制定曆法的官署為「欽天監」，欽，敬也。《尚書》：「欽若昊天，曆象日月星辰。」宋代有王欽若。又指封建社會有關皇帝的，此後起義也，如「欽定」「欽差大臣」。「欽此」，皇帝詔書結尾的套語，敬也。

段注：「凡氣不足而後欠。欽者，倦而張口之皃也。引申之，乃欿然如不足謂之欽。《詩·晨風》：憂心欽欽。傳曰：思望之心中欽欽然。《小雅》：鼓鐘欽欽。傳曰：欽欽言使人樂進也。皆言沖虛之意。欽、欺、欿、歉，皆雙聲疊韻字，皆謂虛而能受也。」

𦣝 luán　　欠貌。从欠，䜌聲。〔洛官切〕

欯 xì　　喜也。从欠，吉聲。〔許吉切〕

吹 chuī　　出气也。从欠，从口。〔臣鉉等案：《口部》已有吹噓，此重出。〕〔昌垂切〕

【注釋】

見《口部》吹字注。

欨 xū　　吹也。一曰：笑意。从欠，句聲。〔況于切〕

【注釋】

欨愉，喜悅貌。

歑 hū　溫吹也。从欠，虖聲。〔虎烏切〕

【注釋】

即出氣，呵氣。段注：「與呼音同義異。」

歔 yù　吹气也。从欠，或聲。〔於六切〕

歟 yú　安气也。从欠，與聲。〔以諸切〕

【注釋】

氣緩而安。從與聲，聲兼義也。據段注，此句末語氣詞「與」之本字也。

段注：「趣為安行，鸒為馬行疾而徐，音同義相近也。今用為語末之辭，亦取安舒之意。通作與，《論語》：與與如也。」

歙 xié　翕气也。从欠，脅聲。〔虛業切〕

歕 pēn　吹气也。从欠，賁聲。〔普魂切〕

歇 xiē　息也。一曰：气越泄。从欠，曷聲。〔許謁切〕

【注釋】

本義是歇息，停下來喘口氣，故從欠。引申停止義，引申為盡、完義，如「隨意春芳歇，王孫自可留」。引申敗落、衰敗義，如「春木有榮歇」。段注：「息之義引申為休息，故歇之義引申為止歇。」

歡 huān　喜樂也。从欠，雚聲。〔呼官切〕

【注釋】

欢乃符號代替俗字，權（权）、觀（观）同此。

古樂府中常用作相愛男女的互稱，如「聞歡下揚州，相送楚山頭」，歡猶今言「親愛的」。又指所愛的人，今有「新歡」。歡即愛也，今有「男歡女愛」。《孟子》借驩為歡。

欣 xīn　笑喜也。从欠，斤聲。〔許斤切〕

【注釋】

本義是高興貌。今有「欣然同意」。「欣欣」謂高興貌，又草木茂盛貌，如「木欣欣以向榮」。

段注：「《言部》訢下曰：喜也。義略同。按《萬石君傳》：僮僕訢訢如也。晉灼云：訢，許慎曰古欣字。晉所據《說文》似與今本不同。」

弞 shěn（哂）　笑不壞顏曰弞。从欠，引省聲。〔式忍切〕

【注釋】

今作哂字。《說文》無哂字。笑不壞顏者，不改變面容常態也。「哂笑」，微笑也，又譏笑也。

款 kuǎn　意有所欲也。从欠，𥦗省。〔臣鉉等曰：𥦗，塞也。意有所欲而猶塞，款款然也。〕〔苦管切〕 款，或从柰。

【注釋】

常用義是誠，今有「款待」。又有空義，今有「款言」，款、空一語之轉也。古代鐘鼎上鑄刻的文字叫款識，陰文叫款，陽文叫識，亦得名於空也。「款款」，輕盈、緩慢貌，空則輕也。「落款」，款，名字也。「款關而入」，款，叩也，一語之轉也。

段注：「按古款與窾通用。窾者，空也。款亦訓空，空中則有所欲也。《釋器》：款足者謂之鬲。《小司馬》引舊說：款足，謂空足也。又引《申子》：款言無成。」

欯 jì　幸也。从欠，气聲。一曰：口不便言。〔居气切〕

【注釋】

今「希冀」之本字也，冀本地名，非本字明矣。

段注：「覬下曰：欯，幸也。欯與覬音義皆同，今字作冀，古音不同。」

欲 yù　貪欲也。从欠，谷聲。〔余蜀切〕

【注釋】

段注：「古有欲字，無慾字。後人分別之，製慾字，殊乖古義。欲从欠者，取慕液之意。从谷者，取虛受之意。」

歌 gē（謌）　　詠也。从欠，哥聲。〔古俄切〕 謌，或从言。

【注釋】

段注：「《可部》曰：哥，聲也。古文以為謌字。」

歂 chuǎn（喘）　　口气引也。从欠，耑聲。讀若車輇。〔市緣切〕

【注釋】

「口气引」者，張口出氣連續不斷。《左傳》多有名歂者。

歍 wū　　心有所惡，若吐也。从欠，烏聲。一曰：口相就。〔哀都切〕

【注釋】

今噁心字。

段注：「心有所惡，若欲吐而實非吐也。范注《太玄》曰：歐歍，逆吐之聲也。按此所謂喑噁，噁即歍之或字也。喑噁言其未發也，叱吒言其已發也。《太玄》則歐歍之歐謂吐，歍謂欲吐未吐。」

歗 zú（噈）　　歍歗也。从欠，鼀聲。〔才六切〕 俗歗，从口，从就。

【注釋】

今常用重文噈字，「歍噈」，口相就也。從就，就亦聲。

欶 zú　　怒然也。从欠，未聲。《孟子》曰：曾西欶然。〔才六切〕

欦 qiān　　含笑也。从欠，今聲。〔丘嚴切〕

歋 yí　　人相笑相歋瘉。从欠，虒聲。〔以支切〕

【注釋】

歋瘉者，今作「揶揄」，嘲笑也。

歊 xiāo　　歊歊，气出貌。从欠，从高，高亦聲。〔許嬌切〕

【注釋】

歊歊，氣盛的樣子。

欻 xū　有所吹起。从欠，炎聲。讀若忽。〔許物切〕

【注釋】

常用義是忽然，《聊齋誌異》：「欻一狼來。」「欻忽」，忽然、迅疾也。「欻然」，欻焉，忽然也。

欪 xī（嗤）　欪欪，戲笑貌。从欠，之聲。〔許其切〕

【注釋】

今「嗤笑」之本字也，《說文》無嗤字。段注：「此今之嗤笑字也。」

䍃欠 yáo　䍃欠䍃欠，气出貌。从欠，䍃聲。〔余招切〕

【注釋】

䍃欠䍃欠，高興貌。「樂陶陶」本字也。陶本地名，非本字明矣。或以傜為「樂陶陶」本字，亦可。見「傜」字注。

段注：「按《詩．君子陶陶》傳曰：陶陶，和樂貌。疑正字當作䍃欠。又鬱陶字亦當作此。」

歗 xiào（嘯）　吟也。从欠，肅聲。《詩》曰：其嘯也謌。〔臣鉉等案：《口部》此籀文嘯字，此重出。〕〔穌弔切〕

【注釋】

今作嘯。段注作吹也。嘯、歗實為異體關係，猶嘔、歐。《說文》有異部重文之體例。因《說文》是字典，異體字要隸於不同的部首之下。見王筠《說文釋例》。

歎 tàn（嘆）　吟也。从欠，難省聲。〔他案切〕 籀文歎，不省。

【注釋】

今簡化字作叹，符號替代俗字也。嘆字《口部》出現，歎、嘆亦異部重文。段注：

「古歎與嘆義別，歎與喜樂為類，嘆與怒哀為類。」

歖 xī　　卒喜也。从欠，从喜。〔許其切〕

欸 xiè / āi　　訾也。从欠，矣聲。〔凶戒切〕，又〔烏開切〕

【注釋】

欸即今唉字，應聲也。《方言》:「欸、譼，然也。」又歎息也，屈原《九章》:「欸秋冬之緒風。」「欸乃」謂搖櫓聲也，擬聲詞，柳宗元《漁翁》:「煙銷日出不見人，欸乃一聲山水綠。」

欪 zì　　歐也。从欠，此聲。〔前智切〕

歐 ǒu（嘔）　　吐也。从欠，區聲。〔烏后切〕

【注釋】

本義是嘔吐。今作嘔字。嘔、歐本一字之異體，後分別異用。

歔 xū（噓）　　欷也。从欠，虛聲。一曰：出气也。〔朽居切〕

【注釋】

今作噓。

欷 xī（唏）　　歔也。从欠，稀省聲。〔香衣切〕

【注釋】

今作唏。「唏噓」，歎息也。

歜 chù　　盛气怒也。从欠，蜀聲。〔尺玉切〕

歑 yǒu　　言意也。从欠，从鹵，鹵亦聲。讀若酉。〔與久切〕

歇 kě　　欲飲歠。从欠，渴聲。〔苦葛切〕

【注釋】

今「饑渴」之本字也。《說文》:「渴，盡也。」非本字明矣。

段注:「渴、竭古今字，古水竭字多用渴，今則用渴為瀫字矣。」又段注:「今則用竭為水渴字，用渴為饑瀫字，而瀫字廢矣，渴之本義廢矣。」

㰼 jiào　所歌也。从欠，噭省聲。讀若叫呼之叫。〔古弔切〕

㱡 xì　悲意。从欠，嗇聲。〔火力切〕

𣤠 jiào　盡酒也。从欠，糕聲。〔子肖切〕

【注釋】

段注:「此與《酉部》釂音義皆同。」《說文》:「釂，飲酒盡也。」本義是喝光酒，引申為一般的盡。釂有盡義。

𣤶 jiān　堅持意，口閉也。从欠，緘聲。〔古咸切〕

㰮 shèn　指而笑也。从欠，辰聲。讀若蜃。〔時忍切〕

【注釋】

用手指畫而笑。今「矧笑」之本字也。

𣤷 kūn　昆干，不可知也。从欠，鰥聲。〔古渾切〕

歃 shà　歠也。从欠，臿聲。《春秋傳》曰：歃而忘。〔山洽切〕

【注釋】

飲也，喝也。特指歃血。

段注:「隱七年《左傳》: 歃如忘。服虔曰：如，而也。臨歃而忘其盟載之辭，言不精也。許作而者，古如、而通用。」

欶 shuò　吮也。从欠，束聲。〔所角切〕

【注釋】

本義是吮吸。又飲也，喝也。

歁 kǎn　　食不滿也。从欠，甚聲。讀若坎。〔苦感切〕

【注釋】

坎，空也。歁、坎同源詞也。

欿 kǎn　　欲得也。从欠，臽聲。讀若貪。〔他含切〕

【注釋】

心有所欲。又指不自滿。古同「坎」，坑也。

欱 hē　　歠也。从欠，合聲。〔呼合切〕

【注釋】

喝水本字也。「喝」本義是聲音嘶啞。《說文》:「喝，潵也。」段注:「疑當作潵音也。」

歉 qiàn　　歉食不滿。从欠，兼聲。〔苦簟切〕

【注釋】

本義是食物少，吃不飽。引申出收成不好，「歉年」謂饑荒之年。對不起人也叫歉，今有「抱歉」。泛指缺少，如「腹歉衣裳單」。

段注:「歉疑當作嗛，謂口銜食不滿也。引申為凡未滿之稱，《穀梁傳》: 一穀不升謂之歉。古多假嗛為歉。」

歇 wā　　咽中息不利也。从欠，骨聲。〔烏八切〕

欭 yì　　嚘也。从欠，因聲。〔乙冀切〕

【注釋】

氣逆也。

欬 kài（咳）　　屰气也。从欠，亥聲。〔苦蓋切〕

【注釋】

屰者，逆也。逆氣者，即咳嗽也。今作咳字。小徐本作「逆氣」，小徐多用俗字。

㱁 xì　且唾聲。一曰：小笑。从欠，毄聲。〔許壁切〕

歙 xī　縮鼻也。从欠，翕聲。丹陽有歙縣。〔許及切〕

【注釋】

縮鼻者，吸氣也。

本義是吸氣，泛指吸，鮑照《石帆銘》：「吐湘引漢，歙蠡吞池。」又收斂義，《老子》：「將欲歙之，必固張之。」今有「歙肩諂笑」，歙肩謂聳肩收項，形容討好貌，歙亦收也。「歙然」，同「翕然」，合諧一致貌，如「學士歙然歸仁」；又安定貌，如「郡國歙然」。

㰦 yǒu　蹴鼻也。从欠，咎聲。讀若《爾雅》曰：麔豭短脰。〔於糾切〕

【注釋】

段注：「蹴鼻即縮鼻也。《廣雅》曰：㰦，吐也。此謂㰦即歐之假借字。」

㕲 yǒu　愁皃。从欠，幼聲。〔臣鉉等案：《口部》呦字或作㕲，此重出。〕〔於虯切〕

欪 chù　咄欪，無慚。一曰：無腸意。从欠，出聲。讀若卉。〔丑律切〕

欥 yù　詮詞也。从欠，从曰，曰亦聲。《詩》曰：欥求厥寧。〔余律切〕

【注釋】

詮詞者，表詮釋的虛詞。典籍常用聿字。

段注：「聿，惟也。此專詞也，欥其正字，聿、遹、曰皆其假借字也。因詞、專詞皆詮詞也。」

次 cì　不前，不精也。从欠，二聲。〔七四切〕古文次。

【注釋】

本義是臨時駐紮和住宿。《左傳》:「凡師一宿為舍，再宿為信，過信為次。」今有「舟次」「旅次」。

歑 kāng　飢虛也。从欠，康聲。〔苦岡切〕

【注釋】

從康之字多有空義。康、空一語之轉也。今「蘿蔔康了」，即空心了。如康（屋康㝗也，高大貌）、漮（水虛也）、糠（穀皮也）、慷（胸中開闊謂之慷慨，古無不吝嗇義）。

欺 qī　詐欺也。从欠，其聲。〔去其切〕

【注釋】

本義是欺詐。今有「欺身而上」，欺，近也。又有「欺近」，同義連文也。引申出壓倒、勝過義，如「文欺百里奚，武勝秦姬輦」，乃唐宋新義也。

歆 xīn　神食气也。从欠，音聲。〔許今切〕

【注釋】

本義是祭祀時神靈享用了祭品。引申為高興義，又有羨慕義，今有「歆羨」。

段注:「引申為憙悅之意。《皇矣》: 無然歆羨。傳釋為貪羨。《楚語》曰：楚必歆之。賈逵曰：歆，貪也。韋曰：歆猶貪也。《周語》: 民歆而德之。韋曰：歆猶欣欣喜服也。」

文六十五　重五

歈 yú　歌也。从欠，俞聲。《切韻》云：巴歈歌也。案《史記》:「渝水之人善歌舞，漢高祖採其聲。」後人因加此字。〔羊朱切〕

【注釋】

本義是歌曲，如「吳歈蔡謳，奏大呂些」。又同「愉」，如「色歈暢真心」。

文一　新附

㱃部

㱃 yǐn（飲）　　歠也。从欠，酓聲。凡㱃之屬皆从㱃。〔於錦切〕 古文㱃，从今、水。 古文㱃，从今、食。

【注釋】

今作飲，俗字也。「飲恨」猶抱恨、懷愁也。

段注：「水流入口為飲。引申之，可飲之物謂之飲。又消納無跡謂之飲，《漢書·朱家傳》：飲其德。猶隱其德也。」

歠 chuò　　㱃也。从㱃省，叕聲。〔昌說切〕 歠，或从口，从夬。

【注釋】

或作「啜」。《史記·屈原列傳》：「眾人皆醉，何不哺其糟而啜其醨？」

文二　重三

次部

次 xián（涎）　　慕欲口液也。从欠，从水。凡次之屬皆从次。〔敘連切〕 次，或从侃。 籀文次。

【注釋】

今作涎字，口水也，今有「垂涎三尺」「流涎」。《說文》無涎字。

羨 xiàn（羡）　　貪欲也。从次，从羑省。羑呼之羑，文王所拘羑里。〔似面切〕

【注釋】

今簡化字作羡，省一筆而造字理據盡失，殊不可取。本義是貪慕，貪則多，故引申出多餘義，今有「羨餘」。引申出超過，如「功羨五帝，德邁三皇」。《廣雅》：「羨，道也。」通「埏」，墓道也。

段注：「《大雅》：無然歆羨。毛傳云：無是貪羨。此羨之本義也。假借為衍字，如《大雅》：及爾遊羨。傳曰：羨，溢也。《周禮》：以其餘為羨。鄭司農云：羨，饒也。亦假借為延字，墓中道曰羨道，音延，亦取深長之義。」

㳄 yí　　歠也。从次，厂聲。讀若移。〔以支切〕

盜 dào（盗）　　私利物也。从次，次欲皿者。〔徒到切〕

【注釋】

今簡化字作盗，與羡字類同。古今盜賊有別，恰好相反。古代盜是小偷，賊是大奸大惡之人。今賊是小偷，盜是強盜。見「賊」字注。

文四　重二

旡部

旡 jì　　飲食气屰不得息曰旡。从反欠。凡旡之屬皆从旡。〔居未切〕今隸變作旡。 古文旡。

【注釋】

段注：「《大雅·桑柔》曰：如彼遡風，亦孔之僾。傳曰：僾，唈也。箋云：使人唈然如鄉疾風不能息也。今觀許書，則知旡乃正字，僾乃假借字。僾从㤅聲，㤅从旡聲，旡从旡聲，可得其同音假借之理矣。凡古文字之可考者如此。」

𣄨 huò（禍）　　屰惡驚詞也。从旡，咼聲。讀若楚人名多夥。〔乎果切〕

【注釋】

今作為禍之異體。小徐本「屰」作「逆」，小徐多俗字。

段注：「遇惡驚駭之詞曰𣄨，猶見鬼驚駭之詞曰魌也。假借為禍字，《史記》《漢書》多假𣄨為禍，𣄨即𣄨也。」

𣄴 liàng（亮）　　事有不善言𣄴也。《爾雅》：𣄴，薄也。从旡，京聲。〔臣鉉等曰：今俗隸書作亮。〕〔力讓切〕

【注釋】

今俗字作亮。見前「倞」字注。《爾雅》：「𣄴，薄也。」常寫作「涼」，薄也。《竇娥冤》：「遇時節將碗涼漿奠。」「涼漿」猶薄漿，非溫涼義也。

段注：「按《水部》曰：涼，薄也。䌷繹上下文，乃《周禮》六飲之涼，當作薄酒也。𧮾則為事有不善之言，若亮則為明也，諒則為信也。四字在《說文》義別，而古經傳多相假。」

文三 重一

卷九上

四十六部 四百九十六文 重六十三 凡七千二百四十七字

文三十八 新附

頁部

頁 xié　頭也。从百，从儿。古文䭫首如此。凡頁之屬皆从頁。百者，䭫首字也。〔胡結切〕

【注釋】

本義是人頭，從頁之字多與人頭相關。页乃草書楷化字形。據段注，「頁」字本「䭫」字之古文。

段注：「小篆𦣻，古文作首。小篆䭫，古文作頁。今隸則𦣻用古文，䭫用稽字，而𦣻、頁、䭫皆不行矣。」

頭 tóu（头）　首也。从頁，豆聲。〔度侯切〕

【注釋】

首也，聲訓。头乃草書楷化字形，參實（实）、買（买）、賣（卖）等字。

顏 yán　眉目之閒也。从頁，彥聲。〔五姦切〕籀文。

【注釋】

本義是兩眉之間，俗稱印堂。「眉目之閒」者，連類而及「目」。

故引申額頭義，《詩經》：「子之清揚，揚且之顏也。」引申之，門框上的橫匾謂之顏。又引申出整個臉面面容義，相鄰引申也。「顏色」，面色也，多指婦女容貌，與今「顏色」義不同。又面子也，高適《燕歌行》：「天子非常賜顏色。」

段注：「顏為眉間，醫經所謂闕，道書所謂上丹田，相書所謂中正印堂也。中謂之顏，旁謂之角，由兩眉間以直上皆得謂之顏。《醫經》『額曰顏、曰庭』是也。凡羞媿喜憂必形於顏，謂之顏色，故色下曰：顏氣也。」

鵬按：段注已經涉及到了「相鄰引申」理論，參楊琳先生《論相鄰引申》。

頌 róng / sòng　　皃也。从頁，公聲。〔余封切〕，又〔似用切〕 籒文。

【注釋】

本義是容貌。《說文》：「容，盛也。」非本字明矣。讚頌的本字當為誦，《說文》：「誦，諷也。」本義是誦讀。

段注：「古作頌貌，今作容貌，古今字之異也。容者，盛也，與頌義別。假容為頌其來已久，以頌字專繫之六詩（《詩經》六藝之一），而頌之本義廢矣。《漢書》曰：徐生善為頌，頌禮甚嚴。其本義也。」班固喜用古字，經學家多保守故也。

頊 dú（髑）　　顱也。从頁，毛聲。〔徒谷切〕

【注釋】

今作髑，髑顱，頭骨，一般指死人的頭骨。

段注：「《骨部》曰：髑髏，頂也。頊顱即髑髏，語之轉也。頊顱亦疊韻。《玉篇》引《博雅》《聲類》作項顱，恐有誤。」

顱 lú　　頊顱，首骨也。从頁，盧聲。〔洛乎切〕

顯 yuàn　　顛頂也。从頁，虞聲。〔魚怨切〕

【注釋】

段注：「《篇》《韻》皆云：顯、願二同，按《說文》義異。」

顛 diān　　頂也。从頁，真聲。〔都年切〕

【注釋】

本義是頭頂。引申為開始義，今有「顛末」。又有跌倒、倒下義，今有「顛倒」，同義連文。《論語》：「危而不持，顛而不扶。」今有「顛仆不破。」

段注：「引申為凡物之頂，如《秦風》：有馬白顛。傳曰：『白顛，的顙也。』馬以顙為頂也。《唐風》：首陽之顛。山頂亦曰顛也。顛為最上，倒之則為最下，故《大雅》：顛沛之揭。傳曰：顛，仆也。《論語》：顛沛。馬注曰：僵，仆也。《離騷》注曰：自上下曰顛。《廣雅》曰：顛，末也。」

頂 dǐng　　顛也。从頁，丁聲。〔都挺切〕或从首作。籒文从鼎。

【注釋】

本義是頭頂。

段注：「頂、顛異部疊韻字。故『顛倒』《樂府》或作丁倒，引申為凡在最上之稱。故《廣雅》云：頂，上也。按頂之假借字作定，《詩・周南》：麟之定。《釋言》、毛傳皆曰：定，題也。毛傳一本作顛也，亦與《爾雅》無不合。蓋禽獸橫生，以額為頂，故《秦風》『白顛』傳曰：的顙。亦以顙釋顛。」

顙 sǎng　　額也。从頁，桑聲。〔蘇朗切〕

【注釋】

本義是額頭。磕頭謂「稽顙」。

段注：「《方言》：中夏謂之頟，東齊謂之顙。九拜中之頓首必重用其顙，故凡言稽顙者，皆謂頓首，非稽首也。《公羊傳》曰：再拜顙者。即拜而後稽顙也。何曰：顙者猶今叩頭。按叩頭者，經之頓首也。」

題 tí　　頟也。从頁，是聲。〔杜兮切〕

【注釋】

段注：「《釋言》、毛傳曰：定，題也。引申為凡居前之稱。」本義是額頭。引申有標誌義，題即標也，《左傳》：「舞詩題以荊夏。」今有「標題」。

引申有題名、命名義，《韓非子》：「悲夫寶玉而題之以石。」「目」亦有此義，如「目之為某某」。今有「命題」，同義連文，命亦有命名義。引申有題目義，《宋史》:「請試他題。」「目」亦有此義。引申有品評義,《後漢書》:「每月輒更其品題。」今有「品題人物」。

今「題目」者，本義是額頭與眼睛。額頭、眼睛都在身體上部，故引申為文章之題目，又謂書籍之標目也,《南史》:「取《三國志》聚置床頭百日許，汝曾未窺其題目。」又名稱也，題、目都有名稱義，故連文亦有。又品評也,《世說新語》:「凡所題目，皆如其言。」又有借口、名義義，白居易詩:「獨醉似無名，借君作題目。」今「題」有借口、名義義，今有「借題發揮。」

頟 é(額)　　顙也。从頁，各聲。〔臣鉉等曰：今俗作額。〕〔五陌切〕

【注釋】

今俗字作額。本義是額頭，引申規定的數目，今有「數額」「額度」。又有牌匾義，今有「匾額」。

段注:「《釋名》曰:『額，鄂也。有垠鄂也。』引申為凡有垠鄂之稱。」

頞 è　　鼻莖也。从頁，安聲。〔烏割切〕 或从鼻、曷。

【注釋】

鼻梁也。段注:「鼻謂之準，鼻直莖謂之頞。」

頯 kuí　　權也。从頁，𢍏聲。〔渠追切〕

【注釋】

顴骨也。權者，假借字。

頰 jiá　　面旁也。从頁，夾聲。〔古叶切〕 籀文頰。

【注釋】

段注:「《面部》曰：酺，頰也。《易・咸》：咸其輔頰舌。輔即酺之假借字也。凡言頰車者，今俗謂牙床骨，牙所載也，與單言頰不同。」

䫀 gèn　　頰後也。从頁，皀聲。〔古恨切〕

【注釋】

頰後，下頷骨的末端。清許槤《洗冤錄詳義・釋骨坿》:「䫀即頰車之尾，其形如鉤，控於耳前，名曰曲頰。」

頜 hàn（頷）　　顄也。从頁，合聲。〔胡感切〕

【注釋】

今頷字。今音 hé，上頜，下頜。耳下曲骨，輔車也，即下巴。點頭謂之頷，今有「頷首」「頷之而已」。

段注：「《方言》：頷、頤，頜也。南楚謂之頷，秦晉謂之頜，頤其通語也。按依《方言》則緩言曰頜，急言曰頷。頜當讀如合也。」《說文》：「頷，面黃也。」段注：「今則頷訓為頤，古今字之不同也。」

顄 hán　　頤也。从頁，圅聲。〔胡男切〕

【注釋】

今隸變作頷。頤者，下巴也。段注：「《王莽傳》作顄，正字也，《方言》作頷，於《說文》為假借字。」

頸 jǐng　　頭莖也。从頁，巠聲。〔居郢切〕

【注釋】

本義是脖子的前面，今有「刎頸自殺」。從巠之字多有直義，如經、莖、涇、脛、徑等。

領 lǐng　　項也。从頁，令聲。〔良郢切〕

【注釋】

本義是整個脖子，今有「引領西望」。引領者，伸著脖子也。引申之脖子外圍的衣服部件也叫領。

段注：「《仲尼燕居》注：領猶治也。《淮南書》高注：領，理也。皆引申之義，謂得其首領也。」

引申為統率義，古代高官兼任較低的官職謂之領，判也有此義，《晉書》：「又領揚州刺史。」欣賞、瞭解、明白謂之領，陸游詩：「共領人間第一香。」如「心領神會」。今有「領悟」「領會」，皆明白義，同義連文也。又量詞，衣服、席子都能謂之領，如「一領青衫」「一領席子」。

項 xiàng　頭後也。从頁，工聲。〔胡講切〕

【注釋】

本義是脖子後部，今有「望其項背」。

引申出分類的條目，今有「事項」「項目」。或謂當為「頸後也」，不可從。由脖子後引申為腦袋後，這是一種相鄰引申，故項又指冠的後部，《儀禮．士冠禮》：「賓右手執項，左手執前進客。」賈公彥疏：「冠後為項。」

煩 zhěn　項枕也。从頁，冘聲。〔章衽切〕

【注釋】

枕骨，即頭顱骨的後部分。

顀 chuí　出額也。从頁，隹聲。〔直追切〕

【注釋】

前額突出。段注：「謂額胅出向前也。」

頯 péi　曲頤也。从頁，不聲。〔薄回切〕

【注釋】

段注：「曲頤者，頤曲而微向前也。」

顩 yǎn　䶬貌。从頁，僉聲。〔魚檢切〕

頵 yǔn　面目不正貌。从頁，尹聲。〔余準切〕

頵 yūn　頭頵頵大也。从頁，君聲。〔於倫切〕

䪺 hùn　面色顛䪺貌。从頁，員聲。讀若隕。〔于閔切〕

䫡 yán　頭頰長也。从頁，兼聲。〔五咸切〕

碩 shuò　頭大也。从頁，石聲。〔常隻切〕

【注釋】

本義是頭大。引申為一般的大，「碩鼠」者，大老鼠也。「碩士」者，大士也。大則堅，引申為堅固義，如「碩友」謂交情牢靠的朋友。介有大義，亦有堅義，如「耿介」「介石」。

段注：「《簡兮》傳曰：碩人，大德也。碩與石二字互相借。」

頒 bān　大頭也。从頁，分聲。一曰：鬢也。《詩》曰：有頒其首。〔布還切〕

【注釋】

頒之本義是大頭。從般之字、之音多有大義，見前「幣」字注。今「頒布」本字當作班，《說文》：「班，分瑞玉也。」引申為頒發。

段注：「《小雅·魚藻》曰：魚在在藻，有頒其首。傳曰：頒，大首貌。《苕之華》：牂羊墳首。傳曰：墳，大也。此假墳為頒也。《孟子》：頒白者不負戴於道路。此假頒為𩬝也。《周禮》：匪頒之式。鄭司農云：『匪，分也。頒讀為班布之班，謂班賜也。』此假頒為班也。」

顒 yóng　大頭也。从頁，禺聲。《詩》曰：其大有顒。〔魚容切〕

【注釋】

本義是大頭。「顒顒」，肅敬貌，又景仰貌。「顒望」，仰望也。

段注：「引申之凡大皆有是稱。《小雅·六月》：其大有顒。傳曰：顒，大皃。《大雅·卷阿》傳曰：顒顒，溫皃。卬卬，盛皃。《釋訓》曰：顒顒、卬卬，君之德也。又其引申之義也。」

顤 qiāo　大頭也。从頁，羔聲。〔口幺切〕

【注釋】

《廣雅》：「顤，大也。」

顝 kuī　大頭也。从頁，骨聲。讀若魁。〔苦骨切〕

【注釋】

「塊」有孤獨義，此本字也。

段注：「《廣雅》曰：顝，大也。《思玄賦》：顝羈旅而無友。舊注：顝，獨也。此與《九辨》『塊獨守此無澤』之塊同，皆於音求之。」

願yuàn（愿）　**大頭也。从頁，原聲。〔魚怨切〕**

【注釋】

本義是大頭，經典罕見。從原聲，聲兼義。廣平曰原，從原、元之字、之音多有大義，如黿（大鱉也）。

《說文》：「愿，謹也。」許書二字有別，願為願意字，愿為誠懇字，然古書多通用，今簡化歸併為一。願常用仰慕義，《荀子》：「名聲日聞，天下願。」「望」亦有仰慕義，同步引申也。

段注：「本義如此，故从頁，今則本義廢矣。《丂部》曰：寧，願詞也。《用部》曰：甯，所願也。《心部》曰：憖，肯也。凡言願者，蓋寧、甯、憖三字語聲之轉，自《詩》所用已如是。」

據段注，願意義本字當是憖。見「憖」字注。

顤yáo　**高長頭。从頁，堯聲。〔五弔切〕**

【注釋】

從堯，聲兼義。

䫜ào　**䫜顤，高也。从頁，敖聲。〔五到切〕**

⿰岳頁yuè　**面前岳岳也。从頁，岳聲。〔五角切〕**

【注釋】

段注：「《靈光殿賦》：神仙岳岳於棟間。李注：岳岳，立皃。」

𩕳mèi　**昧前也。从頁，𣅀聲。讀若昧。〔莫佩切〕**

【注釋】

𩕳，即沬之異體，洗臉也。昧當作沬。吳大澂《說文古籀補》：「𩕳亦沬之古文，許書一字隸兩部者不可枚舉。𩕳下為水，上曰頭形，小篆誤。」

靈 líng　面瘦淺靈靈也。从頁，霝聲。〔郎丁切〕

頪 wài　頭蔽頪也。从頁，豕聲。〔五怪切〕

【注釋】

段注：「蔽頪疊韻字，蓋古語也。《集韻》曰：謂頭癡。錢氏大昕曰：春秋戰國人名有蒯聵者，疑即此蔽頪字。」

頑 wán　梱頭也。从頁，元聲。〔五還切〕

【注釋】

本義是難劈開的囫圇木頭。元稹《畫松》：「纖枝無蕭灑，頑榦空突兀。」用的正是本義。引申出渾圓義，《徐霞客遊記》：「山自此而頑，水至此而險。」引申出頑固義，引申出愚蠢義，《廣雅》：「頑，愚也。」如「頑愚」「冥頑不化」「頑頓」，《史記》：「父頑母嚚。」

又有貪婪義，《孟子》：「頑夫廉，懦夫有立志。」《廣雅》：「頑，貪也。」本字當做「忨」，《說文》：「忨，貪也。」頑有兇暴義，李白《豫章行》：「豈惜戰鬥死，為君掃凶頑。」古代頑無「頑皮」義。

段注：「凡物渾淪未破者皆得曰梱，凡物之頭渾全者皆曰梱頭。梱、頑雙聲。析者銳，梱者鈍，故以為愚魯之稱。」

䫏 guī / guì　小頭䫏䫏也。从頁，枝聲。讀若規。又〔己恚切〕

顆 kē　小頭也。从頁，果聲。〔苦惰切〕

【注釋】

顆之本義是小頭，引申作量詞時亦表示小物。從可之字、之音多有小義，見「疴」字注。

段注：「引申為凡小物一枚之稱，珠子曰顆、米粒曰顆是也。《賈山傳》：蓬顆蔽。晉灼曰：東北人名土塊為蓬顆。按此即《淮南書》、宋玉《風賦》之堁字，許注《淮南》曰：堁，塵塺也。」

頢 kuò / huó　短面也。从頁，昏聲。〔五活切〕，又〔下括切〕

【注釋】

昏聲，聲兼義也。《廣韻》:「小頭皃。」

頲 tǐng　　狹頭頲也。从頁，廷聲。〔他挺切〕

【注釋】

削狹的頭頲頲而長。從廷之字多有直、長義，見前「梃」字注。段注：「疑當作頲頲也，假借為挺直之挺。《釋詁》曰：頲，直也。」

頠 wěi　　頭閑習也。从頁，危聲。〔語委切〕

【注釋】

本義是頭俯仰自如，徐鍇繫傳：「閑習謂低仰便也。」又安靜也，《爾雅》:「頠，靜也。」郝懿行義疏：「閑習與靜義亦相成。」

段注：「引申為凡嫻習之稱。《釋詁》曰：頠，靜也。頠與《女部》之姽義略同。」

頷 hàn　　面黃也。从頁，含聲。〔胡感切〕

【注釋】

本義是臉色發黃。此《莊子》「槁項黃馘」之本字也。馘，音 xù，面黃也。今作為頷首字。

段注：「《離騷》：苟余情其信姱以練要兮，長顑頷亦何傷。王注：顑頷，不飽皃。本部顑字下云：飯不飽面黃起行也。義得相足。今則頷訓為頤，古今字之不同也。」

頵 yuǎn　　面不正也。从頁，爰聲。〔于反切〕

頍 kuǐ　　舉頭也。从頁，支聲。《詩》曰：有頍者弁。〔丘弭切〕

【注釋】

常用傾斜義，《詩經》:「有頍者弁，實維伊何。」支，章母三等，部分來自上古牙喉音齶化，故可諧聲。

段注：「舉頭，此頍之本義也。《小雅》：有頍者弁。傳曰：頍，弁皃。弁，皮弁也。惟舉頭曰頍，故載弁亦曰頍，義之相因而引申者也。」

頞 mò　內頭水中也。从頁、叟，叟亦聲。〔烏沒切〕

【注釋】

沒、殁、頞，同源詞也。段注：「與《水部》之沒義同而別，今則叟、頞廢而沒專行矣。」

顧 gù（顾）　還視也。从頁，雇聲。〔古慕切〕

【注釋】

顾乃草書楷化字形。參「雇」字注。

本義是回頭看，今有「義無反顧」。泛指看，今有「左顧右盼」。引申有拜訪、探望義，如「三顧茅廬」。看、望皆有此二義，同步引申也。又有思念義，今有「顧念」「顧戀」，「顧及」即念及也。作虛詞表轉折亦由回頭看引申而來，回頭則反頭，引申出反義，《漢書》：「足反居上，首顧居下。」

段注：「析言之為凡視之稱，顧猶視也。又引申為臨終之命曰顧命，又引申為語將轉之詞。」

順 shùn　理也。从頁，从巛。〔食閏切〕

【注釋】

本義是理順。巛者，川也，取其順也。理亦順義。

段注：「凡訓詁家曰：从，順也。曰：愻，順也。曰：馴，順也。此六書之轉注。曰：訓，順也。此六書之假借。凡順、慎互用者，字之訛。小徐作川聲，則舉形聲包會意，訓、馴字皆曰川聲也。」

㐱頁 zhěn　顏色㐱頁𩕄，慎事也。从頁，㐱聲。〔之忍切〕

𩕄 lǐn　㐱頁𩕄也。从頁，粦聲。一曰：頭少髮。〔良忍切〕

顓 zhuān　頭顓顓，謹皃。从頁，耑聲。〔職緣切〕

【注釋】

本義是謹慎，常用義是愚昧。又通「專」，獨擅也。

段注：「按叀者，小謹也，今字作專，亦假顓作專。如《淮南》云顓民，《法言》云顓蒙，《漢書》言『顓顓獨居一海之中』皆是。」

頊 xū　　頭頊頊，謹貌。从頁，玉聲。〔許玉切〕

【注釋】

五帝之一名顓頊者，《白虎通》：「謂之顓頊何？顓者，專也。頊者，正也。言能專正天之道也。」「頊頊」，自失貌。

顉 ǎn　　低頭也。从頁，金聲。《春秋傳》曰：迎於門，顉之而已。〔五感切〕

【注釋】

今頷首之本字也。《說文》：「頷，面黃也。」非本字明矣。見前「頷」字注。

頓 dùn　　下首也。从頁，屯聲。〔都困切〕

【注釋】

本義是頭碰地，今有「頓首」。引申出叩、磕義，如「頓足」；又整理義，今有「整頓」；又停止義，今有「停頓」；又疲困義，今有「困頓」；又馬上義，如「頓失滔滔」。

段注：「《周禮．太祝》九拜：一曰䭫（稽）首，二曰頓首，三曰空首。三者分別劃然，不當頓、䭫二字皆訓之曰『下首』明矣。鄭曰：稽首，拜頭至地也。頓首，拜頭叩地也。空手，拜頭至手。凡經傳言頓首，言稽顙，或單言顙，皆九拜之頓首。何注《公羊》曰：顙猶今叩頭，《檀弓》『稽顙』注曰：觸地無容。皆與《周禮》頓首注合。

頭至手者，拱手而頭至於手，頭與手俱齊心不至地，故曰空首。若稽首、頓首則拱手皆下至地，頭亦皆至地，而稽首尚稽遲，頓首尚急遽。頓首主於以顙叩觸，故謂之稽顙，或謂之顙。《周禮》之九拜不盡知，而稽首者，吉禮也。頓首者，凶禮也。空首者，吉凶所同之禮也。經於吉、賓嘉曰稽首，未有言頓首者也。於喪曰稽顙，亦未有言頓首者也，然則稽顙之即頓首無疑矣。」

頫 fǔ（俛、俯）　　低頭也。从頁，逃省。太史卜書，俯仰字如此。楊雄曰：人面俯。〔臣鉉等曰：俯首者，逃亡之貌，故从逃省。今俗作俯，非是。〕〔方矩切〕 頫，或从人、免。

【注釋】

今趙孟頫仍用此字，後作俯，異體字也。趙孟頫，字子昂，名、字相反也。

段注：「頫今之俯俛也。蓋俛字本从免，俯則由音誤而製，用府為聲，字之俗而謬者，故許書不錄。俛，舊音無辨切。頫，《玉篇》音靡卷切，正是一字一音。俛與勉同音，故古假為勉字。古無讀俛如府者也，頫音同俛。」

頣shěn　　舉目視人貌。从頁，臣聲。〔式忍切〕

【注釋】

從臣，兼義。

⿰譱頁zhǎn　　伹視人也。从頁，善聲。〔旨善切〕

頡xié　　直項也。从頁，吉聲。〔胡結切〕

【注釋】

本義是直項，引申為剛直，近人有顧頡剛。常「頡頏」連用，相抗衡也，如「頡頏名輩」；高傲也，如「頡頏於公卿之門」；鳥上下翻飛亦謂之頡頏，如「交頸頡頏，關關嚶嚶」。從吉之字多有剛直義，見前「佶」字注。

段注：「直項者，頡之本義。若《邶風》：燕燕于飛，頡之頏之。傳曰：飛而下曰頡，飛而上曰頏。此其引申之義。直項為頡頏，故引申之直下直上曰頡頏。」

䪼zhuō　　頭頡䪼也。从頁，出聲。讀又若骨。〔之出切〕

【注釋】

本義是顴骨，「高祖隆準而龍顏」之本字也，又指鼻子，相鄰引申也。見「䪼」字注。

顥hào　　白貌。从頁，从景。《楚辭》曰：「天白顥顥。」南山四顥，白首人也。〔臣鉉等曰：景，日月之光明，白也。〕〔胡老切〕

【注釋】

段注改為：白首貌。日光白，故从景。唐人有崔顥，宋人有程顥。音 hào 之字多有明亮、白義，如皓（潔白、明亮）、皞（白色）、淏（水清）等。

䪛 fán　大醜貌。从頁，樊聲。〔附袁切〕

䫀 jìng　好貌。从頁，爭聲。《詩》所謂「䫀首」。〔疾正切〕

頨 yǔ　頭妍也。从頁，翩省聲。讀若翩。〔臣鉉等曰：从翩聲，又讀若翩，則是古今異。〕〔王矩切〕

顗 yǐ　謹莊貌。从頁，豈聲。〔魚豈切〕

【注釋】

莊重恭謹的樣子，又安靜貌，《爾雅》：「顗，靜也。」

顅 qiān　頭鬢少髮也。从頁，肩聲。《周禮》：數目顅脰。〔苦閑切〕

顐 kūn　無髮也。一曰：耳門也。从頁，困聲。〔苦昆切〕

𩑶 kū　禿也。从頁，气聲。〔苦骨切〕

頪 lèi　頭不正也。从頁，从耒。耒，頭傾也。讀又若《春秋》陳夏齧之齧。〔盧對切〕

【注釋】

段注：「《釋魚》：左倪不類，《周禮》類作靁，蓋皆頪之假借字也。」

䫌 pǐ　傾首也。从頁，卑聲。〔匹米切〕

【注釋】

從卑聲，聲兼義也。睥睨者，斜視也。

段注：「《淮南子》：左䫌右倪。按《釋魚》：左倪右倪。郭注：『行頭左俾右俾。』俾亦作庳，皆非是，其字正當作䫌。」

䫔 qì　司人也。一曰：恐也。从頁，契聲。讀若禊。〔胡計切〕

頯 kuǐ　頭不正也。从頁，鬼聲。〔口猥切〕

頗 pō　頭偏也。从頁，皮聲。〔滂禾切〕

【注釋】

本義是頭不正，泛指不正。做虛詞，既可表程度重，也可表輕。今多表重，如「頗有名氣」「頗久」。

段注：「《人部》曰：偏者，頗也。以頗引申之義釋偏也。俗語曰頗多、頗久、頗有，猶言偏多、偏久、偏有也。古借陂為頗，如《洪範》古本作『無偏無陂』。」

頄 yòu（疣）　顫也。从頁，尤聲。〔于救切〕 疣，或从疒。

【注釋】

重文作疣，今之肉瘤、瘊子也。

顫 chàn　頭不定也。从頁，亶聲。〔之繕切〕

【注釋】

本義是頭搖動不定。引申為凡不定之稱。

顑 kǎn　飯不飽，面黃起行也。从頁，咸聲。讀若戇。〔下感、下坎二切〕

【注釋】

《說文》：「顉，面黃也。」同源詞。見前「顉」字注。

顲 lǎn　面顑顲貌。从頁，㐭聲。〔盧感切〕

煩 fán　熱頭痛也。从頁，从火。一曰：焚省聲。〔附袁切〕

【注釋】

本義是頭疼發燒，引申為煩躁之稱。引申為打擾，《史記》：「水煩則魚鱉不大。」今有「煩擾」，同義連文。又有煩勞義，《史記》：「煩大巫為入報河伯。」勞也有此義，也有打擾義，同步引申也。

顡 wài　　癡，不聰明也。从頁，豪聲。〔五怪切〕

頪 lèi　　難曉也。从頁、米。一曰：鮮白皃。从粉省。〔臣鉉等曰：難曉，亦不聰之義。〕〔盧對切〕

【注釋】

今「類似」之初文也。段注：「難曉者，謂相似難分別也，頪、類古今字。類本專謂犬，後乃類行而頪廢矣。」《說文》：「類，種類相似，唯犬為甚。」

段注：「類本謂犬相似，引申假借為凡相似之稱。《釋詁》、毛傳皆曰：類，善也。釋類為善，猶釋不肖為不善也。」

鵬案：段注其實包含了詞義同步引申的觀點。或以為《爾雅》「類，善也」本字當是頪，「一曰：鮮白皃」，鮮白則善也。

顦 qiáo　　顦顇也。从頁，焦聲。〔昨焦切〕

顇 cuì　　顦顇也。从頁，卒聲。〔秦醉切〕

【注釋】

今作憔悴。章太炎有《一字重音說》，見前「璠」字注。

段注：「許書無顦篆，大徐增之，非也。錢氏大昕曰：《面部》之醮，當是正字。」

顐 mén　　繫頭殟也。从頁，昏聲。〔莫奔切〕

【注釋】

諧聲當與清鼻音 mh 有關。

頦 hái　　醜也。从頁，亥聲。〔戶來切〕

【注釋】

常「頦頛」連文，醜也。

頛 qī　　醜也。从頁，其聲。今逐疫有頛頭。〔去其切〕

【注釋】

小徐本作「頭也」。今「魌頭」之本字也，指狀貌醜陋的驅鬼面具。

籲 yù（吁）　**呼也。从頁，籥聲。讀與籥同。《商書》曰：率籲眾戚。〔羊戍切〕**

【注釋】

今「呼籲」之本字也。《說文》：「吁，驚也。」非本字明矣。簡化漢字廢籲。

顯 xiǎn（显）　**頭明飾也。从頁，㬎聲。〔呼典切〕〔臣鉉等曰：㬎，古以為顯字，故从㬎聲。〕**

【注釋】

显乃顯之草書楷化並省略右部構件而成。

頭明飾，頭上光明的首飾。顯有美好義，稱自己已故的父親、母親為「顯考」「顯妣」。明清二代帝王追封其祖先有景祖、顯祖，皆大美之稱也。

林義光《文源》：「訓頭明飾不可考，㬎，日中視絲，正顯明之象。顯，象人面在日下視絲之形，絲本難視，持向日下視之，乃明也。」

段注：「頭明飾者，冕弁充耳之類，引申為凡明之稱。按㬎謂眾明，顯本主謂頭明飾，乃顯專行而㬎廢矣。」

顨 zhuàn　**選具也。从二頁。〔士戀切〕**

【注釋】

選，具也，「選具」即準備。《說文》：「巽，具也。」此「選」之初文也。《玉篇》：「顨，古文作選。」

文九十三　重八

預 yù　**安也。案：經典通用豫。从頁，未詳。〔羊洳切〕**

【注釋】

《爾雅》：「豫，安也。」如「逸豫亡身」，本字當作預。《說文》：「豫，象之大者也。」非本字明矣。

文一　新附

百部

百shǒu　　頭也。象形。凡百之屬皆从百。〔書九切〕

【注釋】

頭也，聲訓。見「頁」字注。李孝定《甲骨文字集釋》:「頁、百、首一字也，頁象頭及身，百但象頭，首象頭及上髮，小異耳。」

脜róu　　面和也。从百，从肉。讀若柔。〔耳由切〕

【注釋】

今「柔和」之本字。《說文》:「柔，木曲直也。」

段注:「今為柔字，按今字柔行而脜廢矣。」肉是物之柔者，故從肉。從肉，肉亦聲。「讀若柔」者，《說文》以讀若破假借也。

文二

面部

面miàn　　顏前也。从百，象人面形。凡面之屬皆从面。〔彌箭切〕

【注釋】

本義是人的臉面。

面、麵，古二字有別。麵，麵粉字，臉面字不能寫作麵。簡化漢字廢麵，歸併為一字。古者臉、面有別，面指整個面部，臉指兩個臉頰，經常指婦女搽胭脂的地方，故臉經常與婦女共現，也經常有「兩臉」的說法。

甲骨文作，李孝定《甲骨文字集釋》:「契文从目，外象面部匡廓之形，蓋面部五官中最引人注目者莫過於目，篆文从百，則从口無从解說，乃从目之訛。」

段注:「顏者，兩眉之中間也。顏前者，謂自此而前則為目、為鼻、為目下、為頰之間，乃正鄉人者，故與背為反對之稱。引申之為相鄉之稱，又引申之為相背之稱。《易》窮則變，變則通也。凡言面縛者，謂反背而縛之。偭从面。」

靦tiǎn（腼）　　面見也。从面、見，見亦聲。《詩》曰：有靦面目。〔他典切〕或从旦。

【注釋】

典籍常作腼字。本義是面目具備之貌。

今有「靦然人面」,《國語・越語下》:「余雖靦然而人面哉，吾猶禽獸也。」韋昭注:「靦，面目之貌。」晉葛洪《抱樸子・譏惑》:「人之棄禮，雖猶靦然，而禍敗之階也。」又有慚愧義，今「靦顏人世」。以上二義均音 tiǎn。靦今又音 miǎn，「靦覥」，又作「腼腆」，害羞貌。

段注:「《小雅・何人斯》: 有靦面目。傳曰: 靦，姡也。《女部》曰: 姡，面靦也。按《心部》曰: 青徐謂慚曰惧。音義皆同，而一从心者，慚在中。一从面者，媿在外。」

酺 fū　　頰也。从面，甫聲。〔符遇切〕

【注釋】

「輔車相依」之本字也。見「輔」字注。

醮 qiáo　　面焦枯小也。从面、焦。〔即消切〕

【注釋】

憔悴之本字也。段注:「《玉篇》引《楚辭》云: 顏色醮頪。希馮所據古本也。」見前「頪」字注。

文四　重一

靨 yè　　姿也。从面，厭聲。〔於叶切〕

【注釋】

酒窩也，今有「笑靨如花」。

文一　新附

丏部

丏 miǎn　　不見也。象壅蔽之形。凡丏之屬皆从丏。〔彌兖切〕

【注釋】

從丏之字多有遮蔽義，如寅（冥合也）、眄（目偏合也）、沔（水大也）。

文一

首部

首 shǒu　　百同。古文百也。巛象髮，謂之鬈，鬈即巛也。凡首之屬皆从首。〔書九切〕

【注釋】

象人頭有髮之形。

商承祚《說文中之古文考》：「百者篆文，首者古文，何以古篆別出為部首，以各有隸字之故也，其字从古文者多，篆文者少，又肖其形，篆廢而古文行矣。」段注：「今字則古文行而小篆廢矣。」

《爾雅》：「首，始也。」首有開始義，《老子》：「夫禮者，忠信之薄而亂之首。」引申有要領義，《尚書》：「予誓告汝群言之首。」今有「要領」「首領」「首要」。首有標明、舉義，今有「自首」「首謝」，《禮記》：「所以首其內而見諸外也。」

䭫 qǐ　　下首也。从首，旨聲。〔康禮切〕

【注釋】

今「稽首」之後起本字也。《說文》：「稽，留止也。」段注辨頓首、稽首之別，甚為精到。見前「頓」字注。

段注：「頓首、䭫首為周禮九拜之二大端。䭫首，拜頭至地也。頓首，拜頭叩地也。蓋䭫首者，拱手至地，頭亦至於地，而顙不必觸地，與頓首之必以顙叩地異矣。䭫首者，稽遲其首也。頓首亦曰䭫顙，䭫顙者，稽遲其顙也。此吉凶之大辨也。今人作名刺必曰頓首拜，是以凶禮施於賓禮、嘉禮。古者吉、賓、嘉皆䭫首，無言頓首者。喪則䭫顙，無言䭫首者，以是知䭫顙即頓首也。」

𩠐 tuān / zhuǎn（剸）　　截首也。从首，从斷。〔大丸、旨沇二切〕剸或从刀，專聲。

【注釋】

今常用重文剸，斬斷也。從斷，斷亦聲。

段注：「此引申為凡截之稱也，剸與《刀部》劚義相近，古亦借為專擅字。小徐本無此篆。」

文三 重一

𥄉部

𥄉 jiāo　到首也。賈侍中說，此斷首到縣𥄉字。凡𥄉之屬皆从𥄉。〔古堯切〕

【注釋】

倒懸首級，此「梟首」之本字也。

段注：「《廣韻》引《漢書》曰：三族令先黥劓，斬左右趾，𥄉首，菹其骨。按今《漢書・刑法志》作梟，蓋非孫愐所見之舊矣。𥄉首字當用此，用梟於義無當。」

縣 xuán（县）　繫也。从系持𥄉。〔臣鉉等曰：此本是縣掛之縣，借為州縣之縣，今俗加心，別做懸，義無所取。〕〔胡涓切〕

【注釋】

今簡體字县乃縣之省旁俗字。縣即懸掛之初文，本義是懸掛。借為郡縣字，故加心作懸字，原字被借義所專。縣有距離遠、懸殊義，《荀子》：「彼人之才性相縣也。」縣即懸也。

縣有稱錘義，因其懸掛而得名，權、縣一語之轉也。引申出稱量義，「縣輕重」即權衡利弊也。古者天子所治之地，京都周圍千里之內，即王畿，也叫縣，故天子又稱為「縣官」。《說文》：「郡，周制，天子地方千里，分為百縣，縣有四郡。」

中國古代郡縣制之前是國野制，都城百里之內為國，百里之外為野，野之外剛開發的離都城比較遠的地域謂之縣，《白虎通》：「縣者，懸也。」縣有遠義，今有「懸殊」，殊亦遠義。縣得名於離國都較遠。後來開發的更遠的叫郡，最初郡縣無等級區別，周代縣要大於郡，秦以後以郡統縣。見前「鄰」字注。

段注：「古懸掛字皆如此作，引申之，則為所繫之稱。《周禮》縣繫於遂。《邑部》曰：周制，天子地方千里，分為百縣。則繫於國。秦漢縣繫於郡。《釋名》曰：縣，縣也。縣繫於郡也。自專以縣為州縣字，乃別製从心之懸掛，別其音縣去、懸平，古無二形二音也。顏師古云：古縣邑字作寰。亦為臆說。」

文二

須部

須 xū　　面毛也。从頁，从彡。凡須之屬皆从須。〔臣鉉等曰：此本須鬢之須。頁，首也。彡，毛飾也。借為所須之須。俗書从水，非是。〕〔相俞切〕

【注釋】

本義是鬍鬚。口上為髭，頤下為須，兩頰為髯。假借作等待義，《爾雅》：「須，待也。」《詩經》：「人涉卬否，卬須卬友。」後又加立作頾，為等待之專字。

段注：「須在頤下，𩑶在口上，髯在頰，其名分別有定。《釋名》亦曰：口上曰髭，口下曰承漿，頤下曰須，在頰耳旁曰髯。與許說合。引申為凡下垂之稱，凡《上林賦》之䰕蘇、《吳都賦》之流蘇，今俗云蘇頭，皆即須字也。俗假須為需，別製鬚、鬚字。从彡，須與𩑶每成三綹，形似之也。」

頿 zī（髭）　　口上須也。从須，此聲。〔臣鉉等曰：今俗別作髭，非是。〕〔即移切〕

【注釋】

今作髭。《釋名》：「髭，姿也。為姿容之美也。」

䫇 rán（髯）　　頰須也。从須，从冄，冄亦聲。〔臣鉉等曰：今俗別作髯，非是。〕〔汝鹽切〕

【注釋】

今作髯。《水滸傳》有美髯公朱仝，《三國演義》有美髯公關羽，周恩來長征時蓄大鬍子也被稱為美髯公。戲稱羊為「鬍髯郎」。《釋名》：「髯，隨口動搖，冄冄然也。」

顐 bēi　　須髮半白也。从須，卑聲。〔府移切〕

【注釋】

此「斑白」「頒白」之本字也。見前「頒」字段注。

段注：「兼言髮者，類也。此《孟子》頒白之正字也。趙注曰：『頒者，斑也。頭半白斑斑者也。』卑與斑雙聲。」

頿 pī　短須髮貌。从須，否聲。〔敷悲切〕

文五

彡部

彡 shān　毛飾畫文也。象形。凡彡之屬皆从彡。〔所銜切〕

【注釋】

從彡之字多與毛髮相關，古以毛髮為飾也。

形 xíng　象形也。从彡，幵聲。〔戶經切〕

【注釋】

本義是形體，引申出形勢義，《戰國策》：「豈齊不欲地哉？形弗能有也。」引申有表現、表露義，今有「喜形於色」。又有比較義，今有「相形見絀」。

㐱 zhěn（鬒）　稠髮也。从彡，从人。《詩》曰：㐱髮如雲。〔之忍切〕

㐱，或从髟，真聲。

【注釋】

今通行重文鬒，稠密的頭髮。㐱乃初文，鬒後起字也。

段注：「今《詩》作鬒，蓋以或字改古字。傳曰：鬒，黑髮也。疑黑字亦非毛公之舊，許多襲毛，不應有異。」

修 xiū　飾也。从彡，攸聲。〔息流切〕

【注釋】

本義是修飾。引申出修理、研究等義。又撰寫也，今有「修書一封」「修國史」。詳見「脩」字注。

彰 zhāng　文彰也。从彡，从章，章亦聲。〔諸良切〕

【注釋】

本義是顯著、明顯。今有「欲蓋彌彰」。「彰明較著」四字同義連文，皆明也。

「辨彰學術，考鏡源流」者，「辨彰」即辨明也，「考鏡」亦考明也。引申有表彰義。

段注：「彣彰也。彣各本作文，今正。文，逪畫也，與彣義別。古人作彣彰，今人作文章，非古也。」

彫 diāo　琢文也。从彡，周聲。〔都僚切〕

【注釋】

琢文者，雕琢成文。今雕刻之本字也。雕之本義是大雕，二字通用已久，今簡化漢字廢彫字。

段注：「琢者，治玉也。《玉部》有琱，亦治玉也。《大雅》：追琢其章。傳曰：追，彫也。金曰彫，玉曰琢。毛傳字當作琱，凡琱琢之成文曰彫，故字从彡。今則彫、雕行而琱廢矣。」

彨 jìng　清飾也。从彡，青聲。〔疾郢切〕

【注釋】

今靚之本字也。《說文》：「靚，召也。」本義是召見，非本字明義。段注：「按靚莊即彨妝之假借字，彨與《水部》之瀞義略同。」

㣎 mù　細文也。从彡，㝱省聲。〔莫卜切〕

【注釋】

今「肅穆」之本字。《說文》：「穆，禾也。」即今之向日葵。

段注：「蓋禾有名穆者也，凡經傳所用穆字，皆假穆為㣎。凡言穆穆、於穆、昭穆，皆取幽微之義。引申為凡精美之稱。《周頌》曰：維天之命，於穆不已。傳曰：穆，美也。《大雅》傳曰：穆穆，美也。《釋訓》曰：穆穆、肅肅，敬也。皆其義也。古本作㣎，今皆从禾作穆，假借字也。古昭穆亦當用㣎。」

弱 ruò　橈也。上象橈曲，彡象毛氂橈弱也。弱物並，故从二弓。〔而勺切〕

【注釋】

本義是柔弱。段注：「直者多強，曲者多弱。《易》曰：棟橈。本末弱也，弱與橈疊韻。」

謙稱自己的女兒為弱息。引申為年少，《國語》：「昔莊王方弱。」《禮記》：「二十曰弱，冠。」本謂二十歲年齡尚小，需要加冠禮，後「弱冠」連言，割裂成詞矣。

今不夠也叫弱，如「三分之一強，四分之一弱」。成語「又弱一個」謂喪失減少，指人死，舊時哀悼人去世的話。劉克莊《祭林元晉武博士》：「西山之門，存者幾人。又弱一個，莫贖百身。」

文九 重一

彩 cǎi　**文章也。从彡，采聲。〔倉宰切〕**

【注釋】

本義是光彩。文章，青赤紋為文，赤白紋為章。引申之，文章的辭藻謂之彩，今有「文采」或「文彩」。又神態也，今有「神彩」，亦作「神采」。

文一 新附

彣部

彣 wén　**䴡也。从彡，从文。凡彣之屬皆从彣。〔無分切〕**

【注釋】

文采、文章之本字也。《說文》：「文，錯畫也。」從文，文亦聲。

段注：「彣與文義別，凡言文章皆當作彣彰，文章者，省也。文訓逪畫，與彣義別。」

彥 yàn　**美士有文，人所言也。从彣，厂聲。〔魚變切〕**

【注釋】

美女為媛，美士為彥。常指有才學之士，如「前賢時彥」。古有周邦彥、黃承彥、王彥章，今有書法家司馬彥、明星吳彥祖，皆男子也。

文二

文部

文 wén　**錯畫也。象交文。凡文之屬皆从文。〔無分切〕**

【注釋】

本義是人身上的紋身。甲骨文作，朱芳圃《殷周文字釋叢》：「文即紋身之文，象人正立形，胸前即刻畫之文飾也，訓錯畫引申義也。」

引申出掩飾義，今有「文過飾非」。「文章」本義為花紋，分而言之，青赤形成的花紋叫文，赤白為章，後指文辭，又指今之文章。文有文字義，又指法律條文，今有「深文周納」，謂苛刻地運用法律條文給人定罪。古代一貫錢為一千個銅錢，一個銅錢為一文，今有「不名一文」。詳見「貫」字注。

文又指文化，今孔廟大匾有「斯文在茲」，孔子匡地被圍，給自己壯膽，說：「文王既沒，文不在茲乎？天之未喪斯文也，匡人其如予何？」「斯文」今代指文人，又指文雅。

斐 fěi　分別文也。从文，非聲。《易》曰：君子豹變，其文斐也。〔敷尾切〕

【注釋】

用以分別的文采。「斐然」，有文采貌；又顯著貌，如「斐然成章」「成績斐然」。今《易》作蔚，今人有莫文蔚。

段注：「《考工記》注曰：匪，采貌也。皆不言分別，許云分別者，渾言之則為文，析言之則為分別之文，以字从非知之也。非，違也。凡从非之屬。辈，别也。靠，相違也。」

辬 bān（斑）　駁文也。从文，辡聲。〔布還切〕

【注釋】

俗作斑，《說文》無斑字。

段注：「斑者，辬之俗。今乃斑行而辬廢矣。又或假班為之，如孟堅之得氏，以楚人謂虎文曰斑，即《虍部》虨字也，作辬斑近是，而《漢書》作班。頭黑白半曰頒，亦辬之假借字。許知為不純之文，以从辡知之。辨、辯字皆从辡。」

斄 lí　微畫也。从文，𠩺聲。〔里之切〕

【注釋】

今毫釐（厘）之本字也。《說文》：「釐，家福也。」《說文》：「氂，犛牛尾也。」

均非本字明矣。

段注：「今人用豪氂，當作此字。經解曰：差若豪氂，謬以千里。乃是假借字。」

文四

髟部

髟 biāo / shān　　長髮猋猋也。从長，从彡。凡髟之屬皆从髟。〔必凋切〕，又〔所銜切〕

【注釋】

猋猋，下垂貌。

髮 fà（发）　　根也。从髟，犮聲。〔方伐切〕髮，或从首。古文。

【注釋】

根也者，人之頭髮象草木之根也。發、髮在古代不相混用，「出發」「發射」用發字；毛髮用髮。今簡化字歸併為一。簡化字发乃發之草書楷化字形。見「發」字注。

鬢 bìn　　頰髮也。从髟，賓聲。〔必刃切〕

【注釋】

鬢是臉旁邊靠耳的頭髮。從賓之字、之音多有邊義，濱，水邊也。「瀕臨」謂挨著也。

段注：「鬢者，髮之濱也，似禾穎之在末。禾之老，先穗而後莖。髮之老而白也，先鬢而餘髮繼之，項髮最後。《釋名》曰：在頰耳旁曰髥，其上連髮曰鬢，鬢曲頭曰距。」

鬗 mán　　髮長也。从髟，㒼聲。讀若蔓。〔母官切〕

鬑 lán　　髮長也。从髟，監聲。讀若《春秋》：黑肱以濫來奔。〔魯甘切〕

【注釋】

段注：「《集韻》曰：鬑鬖，髮長皃。《廣韻》曰：鬑，鬢髮疎皃。」

鬈 cuǒ　髮好也。从髟、差。〔千可切〕

【注釋】

從差，差亦聲也。

鬈 quán　髮好也。从髟，卷聲。《詩》曰：其人美且鬈。〔衢員切〕

【注釋】

本義是髮好，引申為美好，《詩經》：「盧重環，其人美且鬈。」毛傳：「鬈，好貌。」又指頭髮捲曲，「鬈髮」謂彎曲的頭髮。

段注：「也，《廣韻》作皃。《齊風・盧令》曰：其人美且鬈。傳曰：鬈，好皃。傳不言髮者，傳用其引申之義，許用其本義也。本義謂髮好，引申為凡好之稱。

凡說字必用其本義，凡說經必因文求義。則於字或取本義，或取引申假借，有不可得而必者矣。故許於毛傳有直用其文者，凡毛、許說同是也。有相近而不同者，如毛曰：鬈，好皃，許曰：髮好皃；毛曰：飛而下曰頡，許曰：直項也。此引申之說也。有全違者，如毛曰：匪，文章皃，許曰：器似竹匧。毛曰：干，澗也，許曰：犯也。此假借之說也。經傳有假借，字書無假借。」

髦 máo　髮也。从髟，从毛。〔莫袍切〕

【注釋】

本義是毛髮中的長毫，喻英俊傑出之士，如「髦碩」「髦士」「髦俊」。《詩經》：「奉璋峨峨，髦士攸宜。」泛指毛，《廣雅》：「髦，毛也。」《禮記》：「馬不齊髦。」今用作「時髦」字。

段注：「髮中之秀出者，謂之髦髮，《漢書》謂之壯髮，馬鬣稱髦，亦其意也。《詩》三言髦士，《爾雅》、毛傳皆曰：髦，俊也。《釋文》云：毛中之長豪曰髦，士之俊傑者借譬為名，此引申之義也。」

鬗 mián　髮貌。从髟，𦭝聲。讀若宀。〔莫賢切〕

【注釋】

𦭝聲，聲兼義。𦭝有深遠義，當指稠髮貌。

鬝 tiáo　髮多也。从髟，周聲。〔直由切〕

【注釋】

稠者，禾多也。同源詞也。

段注：「《小雅》曰：彼君子女，綢直如髮。傳曰：密直如髮也。是則綢乃鬗之假借字。」

鬍 nǐ　　髮貌。从髟，爾聲。讀若江南謂酢母為鬍。〔奴禮切〕

【注釋】

髮稠貌。從爾之字多有稠密、茂盛義，見前「薾」字注。段注：「此字亦取爾會意，如華盛之字作薾，皆取麗爾之意也。」

髻 póu　　髮貌。从髟，音聲。〔步矛切〕

髳 máo　　髮至眉也。从髟，敄聲。《詩》曰：紞彼兩髳。〔亡牢切〕髳或省，漢令有髳長。

鬋 jiǎn　　女鬢垂貌。从髟，歬聲。〔作踐切〕

鬑 lián　　鬋也。一曰：長貌。从髟，兼聲。讀若慊。〔力鹽切〕

【注釋】

《陌上桑》：「為人潔白晰，鬑鬑頗有鬚。」鬑鬑謂鬚髮稀疏貌。又指鬚髮長貌，段注：「此別一義，謂鬚髮之長。《古陌上桑》曰：為人絜白皙，鬑鬑頗有鬚。」

清紀昀《閱微草堂筆記》：「一僧坐北牖上，其面橫闊，鬚鬑鬑如久未剃。」清張德彝《隨使法國記》：「外國男子二十餘歲，髭鬚漸生，例不芟剃，聽其鬑鬑。」

鬣 jié　　束髮少也。从髟，截聲。〔子結切〕

【注釋】

段注改作「束髮乇小也」，云：「乇小二字各本作少。《廣韻》十六屑、十七薛引作『少小』二字，少乃乇之誤。乇與鬣疊韻，面小亦謂之䶢乇。」

鬄 xī / dí（髢）　　髲也。从髟，易聲。〔先彳切〕，又〔大計切〕

鬄，或从也聲。

【注釋】

假髮，今通行重文髢，《詩經》：「鬒髮如雲，不屑髢也。」從易聲，聲兼義也。

髲 bì　**鬄也。从髟，皮聲。〔平義切〕**

【注釋】

假髮也。

段注：「古者或鬄賤者、刑者之髮，以髲婦人之紒為飾，因名髲鬄焉。髲字不見於經傳，假被字為之。《召南》：被之僮僮。傳曰：被，首飾也。箋云：禮，主婦髲鬄。」

髮 cì　**用梳比也。从髟，次聲。〔七四切〕**

【注釋】

一種假髮。《士昏禮》「女次」注：「次，首飾也，今時髲也。」

段注：「比者今之篦字，古只作比。用梳比謂之髮者，次第施之也。凡理髮先用梳，梳之言疏也。次用比，比之言密也。《周禮．追師》：為副、編、次。注云：次者，次第髮長短為之。疑次即髮。」

徐鍇繫傳：「此即《周禮》所謂次。」王筠句讀：「比，今作篦，用梳比次第之以成髢，因謂之髮也。《周禮》作次，蓋古借字，髮則後起之專字。」

髻 kuò　**絜髮也。从髟，昏聲。〔古活切〕**

【注釋】

束髮也。從昏之字多有捆綁義，如括，總也。

鬆 pán　**臥結也。从髟，般聲。讀若盤。〔薄官切〕**

【注釋】

盤捲起來的髮髻。小徐本「結」作「髻」，下同。段注：「結，今之髻字也。臥髻者，蓋謂寢時盤髮為之，令可不散。」

髥 fū　**結也。从髟，付聲。〔方遇切〕**

【注釋】

假髮髻。《廣雅》:「䯾，髻也。」《廣韻》:「露髻。」

鬕 mà　　帶結飾也。从髟，莫聲。〔莫駕切〕

【注釋】

用帶繞在髮髻上的裝飾品。今帕之本字也。

段注:「《西京賦》:朱鬕。薛注:以絳帕額。按薛注帕乃帞之誤，帕即是鬕字，其字之本義乃飾髻上也。」

鬢 kuì　　屈髮也。从髟，貴聲。〔丘媿切〕

【注釋】

盤卷而成的頭髻。帕頭類似今陝北農民頭上所纏之交結頭巾也。

段注:「按鬢者，髻短髮之稱。《方言》之鬢帶，謂帞頭帶於髻上也。《方言》:絡頭，帞頭也。自關而西秦晉之郊曰絡頭，南楚江湘之間曰帞頭，自河以北趙魏之間曰幧頭。帞頭之制，自項中而前交於額卻繞髻。」

髺 jiè　　簪結也。从髟，介聲。〔古拜切〕

【注釋】

簪髻也，指已經上簪的髮髻。

段注:「簪結者，既簪之髻也。許以笄與兓互訓，而笄有固冕弁之笄，有固髮之笄。」

鬣 liè　　髮鬣鬣也。从髟，巤聲。〔良涉切〕 鬣，或从毛。 或从豕。

【注釋】

鬣是長髮，鬣鬣，長直貌。從巤之字多有長直義，如儠（長壯儠巤也）。泛指獸類頭上的長毛，如「馬鬣」。又指鬍鬚，《左傳》:「使長鬣者三人潛伏於舟側。」

又指魚類兩邊的鰭，李賀《白虎行》:「鯨魚張鬣海波沸。」又指鳥頭上的毛，枚乘《七發》:「翠鬣紫纓。」又指松針，如「五鬣松」。又指掃帚，《禮記》:「拚席不以鬣。」總之，突出出來的毛狀、針狀物可謂之鬣。

段注：「鬣鬣，動而直上皃。所謂頭髮上指，髮上衝冠也。辭賦家言旌旗獵獵，是其假借字也。許意巤為今馬鬣字，鬣為顫動之字，今則鬣行而巤廢矣。《人部》曰：儠者，長壯儠儠也。字意略同。今《左氏傳》長儠作長鬣，杜以多鬚釋之，殊誤。鬚下垂，不偁鬣，凡上指者偁鬣。」

鬞 lú　　鬣也。从髟，盧聲。〔洛乎切〕

髴 fú　　髴，若似也。从髟，弗聲。〔敷勿切〕

【注釋】

段注：「髴與《人部》彷彿之佛義同。許無髣字，後人因髴製髣。髴，若似也，即佛之或字。」

髶 róng　　亂髮也。从髟，茸省聲。〔而容切〕

【注釋】

今「毛茸茸」之本字也。《說文》：「茸，艸茸茸皃。」本義是草茂盛，茂盛則亂，髶、茸同源詞也。從耳之字多有茂盛義，如醋（厚酒也）。

鬌 chuí　　髮隋也。从髟，隋省。〔直追切〕

【注釋】

隋，墮之初文也。小兒留而不剪的一部分頭髮，《禮記・內則》：「三月之末，擇日剪髮為鬌，男角女羈。」鄭注：「鬌，所遺髮也。」孔疏：「三月剪髮，所留不剪者謂之鬌。」

因此鬌也是未成年男女剪髮後留下的那部分頭髮，鬌即是髦，鬌是從剃髮後留髮角度而言，一般特指小兒三個月時剪髮所留下的頭髮。段注：「鬌本髮落之名，因以為存髮不翦者之名。故鄭注云：鬌，所遺髮也。」

鬊 shùn　　鬢髮也。从髟，春聲。〔舒閏切〕

鬝 qiān　　鬢禿也。从髟，閒聲。〔苦閑切〕

【注釋】

鬢髮脫落。段注：「齊人謂無髮為禿楬。《釋名》曰：『禿，無髮沐禿也。毼頭生瘡曰瘕。』毼與楬皆即鬜也。」

鬄 tì（剃）　　鬀髮也。从髟，从刀，易聲。〔他歷切〕

髡 kūn　　鬄髮也。从髟，兀聲。〔苦昆切〕或从元。

【注釋】

古者有髡刑，剃髮也。奴隸及勞役罪犯皆施髡刑，今者犯罪嫌疑人理短髮平頭乃古之遺跡也。古罪犯穿赭色衣，今嫌疑人穿黃色馬甲亦古之遺跡也。引申之，剪去樹的枝梢也謂之髡，《齊民要術》：「大樹髡之，小則不髡。」

段注：「元亦兀聲也，故亦从元聲。古或假完為髡，如《漢．刑法志》：完者使守積。」

鬀 tì（剃）　　鬄髮也。从髟，弟聲。大人曰髡，小人曰鬀，盡及身毛曰鬄。〔臣鉉等曰：今俗別作剃，非是。〕〔他計切〕

【注釋】

今俗作剃。

⿱髟並 bàng　　⿱髟彖也。从髟，並聲。〔蒲浪切〕

【注釋】

今之碰字也。⿱髟彖者，突然相見也。段注：「今俗謂卒然相遇曰掽，字當作⿱髟並也。如滂去聲，並聲本在十部。」

⿱髟彖 fèi　　⿱髟並也，忽見也。从髟，彖聲。彖，籀文魅，亦忽見意。〔芳未切〕

髽 zhuā　　喪結。《禮》：女子髽衰，弔則不髽。魯臧武仲與齊戰於狐鮐，魯人迎喪者，始髽。从髟，坐聲。〔莊華切〕

【注釋】

古喪禮有髽衰，用麻束住髮髻。已出嫁女子為父母服齊衰一年喪，未出嫁女子為父母服髽衰三年喪。

段注：「髽，露紒也。猶男子之括髮。斬衰括髮以麻，則髽亦用麻也。蓋以麻自項而前交於額卻繞紒，如箸幓頭焉。」

文三十八 重六

鬐 qí　　馬鬣也。从髟，耆聲。〔渠脂切〕

【注釋】

魚類兩邊的叫鰭，也叫鬣。同源詞也。

髫 tiáo　　小兒垂結也。从髟，召聲。〔徒聊切〕

【注釋】

古代小孩頭上紮起來的下垂頭髮。《桃花源記》：「黃髮垂髫，並怡然自樂。」垂髫，代小兒也，或作「齠」。髫是漢代出現的新詞，故許書不錄。

髻 jì　　總髮也。从髟，吉聲。古通用結。〔古詣切〕

鬟 huán　　總髮也。从髟，睘聲。〔案：古婦人首飾，琢玉為兩環。此二字皆後人所加。〕〔戶關切〕

【注釋】

丫環，又作「丫鬟」，指婢女，最初是指女子的髮式，把髮辮梳成圓環狀，左右各一，像樹丫型，因年輕婢女多梳此種髮式，故謂之「丫環」。「小鬟」亦謂年輕婢女。

文四 新附

后部

后 hòu　　繼體君也。象人之形，施令以告四方，故厂之。从一、口。發號者，君后也。凡后之屬皆从后。〔胡口切〕

【注釋】

從口，口亦聲。

繼體君者，繼承王位的君主，有別於開業帝王。甲骨文作、，甲骨文后即毓（育）字，象婦女產子形。后、毓二字同形，母系氏族社會的「后」產生君主義。古后、後有別，多不相混用，見「後」字注。

羅振玉《增訂殷虛書契考釋》:「后字本象人形，厂本象人之訛變，下則倒子之訛變也。后字之義本从毓義引申，其後產子之字專用毓育二形，繼體君之字專用形，遂成二字，又訛為后。」

段注:「《釋詁》、毛傳皆曰：后，君也。許知為繼體君者，后之言後也，開創之君在先，繼體之君在後也。析言之如是，渾言之則不別矣。經傳多假后為後，《大射》注曰：后者，後也。此謂后即後之假借。」

姤hǒu（吼）　　厚怒聲。从口、后，后亦聲。〔呼后切〕

【注釋】

今吼之古字也。《說文》無吼字。厚者，盛也，大也。段注:「諸書用呴字，即此字也。《聲類》曰：呴，嗥也。俗作吼。」

文二

司部

司sī　　臣司事於外者。从反后。凡司之屬皆从司。〔息茲切〕

【注釋】

在外辦事的奴隸。常用義是管理，古有「司馬」「司空」「有司」，今有「司機」者，皆為管理義。成語有「牝雞司晨」，司晨，管理時間也，後成為公雞的代稱。又有觀察義，《山海經》:「司日月之長短。」又有偵查、探查義，通「伺」。「候」亦有此二義，同步引申也。

段注:「司，主也。凡主其事必伺察恐後，故古別無伺字，司即伺字。《人部》曰：伏，司也。候，司望也。凡司其事者皆得曰有司。」

詞cí　　意內而言外也。从司，从言。〔似茲切〕

【注釋】

本義是言詞。

言詞義，在較古的時代一般用「辭」不用「詞」，漢代以後逐漸以「詞」代「辭」。今「詞」「辭」也有一定分工，「詞典」多指語文性辭書，「辭典」指百科性辭書，但也有不分者。古代的詞一般指虛詞，如《經傳釋詞》《詞詮》。

段注：「有義而後有聲，有聲而後有形，造字之本也。形在而聲在焉，形聲在而義在焉，六藝之學也。詞與《辛部》之辭，其義迥別。辭者，說也。從𤔔、辛，𤔔辛猶理辜。謂文辭足以排難解紛也，然則辭謂篇章也。

詞者，意內而言外，從司、言。此謂摹繪物狀及發聲助語之文字也。積文字而為篇章，積詞而為辭。《孟子》曰：『不以文害辭。』不以詞害辭也。孔子曰：『言以足志。』詞之謂也。『文以足言』，辭之謂也。」

據段注，詞猶言今之單個詞語，辭猶今之一句話、句群、段落。

文二

卮部

卮 zhī（卮）　圜器也，一名觛。所以節飲食，象人，卪在其下也。《易》曰：君子節飲食。凡卮之屬皆从卮。〔章移切〕

【注釋】

俗字或作巵。《玉篇》：「卮，酒器也，受四升。」古代盛酒的器皿。「卮酒」猶言杯酒，《史記・項羽本紀》：「項王曰：壯士，賜之卮酒。」

「卮言」者，卮不灌酒就空仰著，灌滿酒就傾斜，沒有一成不變的常態，如同說話沒有主見或定見，後常用為對自己著作的謙辭，如《諸子卮言》。「卮言」謂自然隨意之言，語出《莊子・寓言》：「寓言十九，重言十七，卮言日出，以和天倪。」

段注：「《角部》曰：觛者，小卮也。《急就篇》亦卮觛並舉，此渾言析言之異也。《項羽本紀》：項王曰：賜之卮酒，則與斗卮酒。斗卮者，卮之大者也。」

䏁 shuàn　小卮有耳蓋者。从卮，專聲。〔市沇切〕

【注釋】

古代酒器。段注：「《急就篇》皇象本：槫、榼、椑、榹。槫即䏁也。有耳蓋，謂有耳有蓋也。」

𢀡 zhuǎn　小卮也。从卮，耑聲。讀若捶擊之捶。〔旨沇切〕

文三

卩部

卩 jié　瑞信也。守國者用玉卩，守都鄙者用角卩，使山邦者用虎卩，土邦者用人卩，澤邦者用龍卩，門關者用符卩，貨賄用璽卩，道路用旌卩。象相合之形。凡卩之屬皆从卩。〔子結切〕

【注釋】

甲文作，象人跪坐之形，假為符節字。羅振玉《增訂殷虛書契考釋》:「卩亦人字，象跪形。」楊樹達《積微居小學述林》:「卩乃厀（膝）之初文，厀者，脛頭節也，引申為節制義。」

段注:「瑞者，以玉為信也。《周禮·典瑞》注曰：瑞，節信也。引申之凡使所執以為信，而非用玉者皆曰卩。」

令 lìng　發號也。从亼、卩。〔徐鍇曰：號令者，集而為之。卩，制也。〕〔力正切〕

【注釋】

甲文作，甲文命、令同字，從口在人上，口發令，人聽之。令有佳善義，《爾雅》:「令，善也。」今有「令尊」「令堂」者，令皆好義也，乃靈之假借字。

段注:「《詩》箋曰：令，善也。按《詩》多言令，毛無傳。《古文尚書》言靈，《般庚》正義引《釋詁》：靈，善也。蓋今本《爾雅》作令，非古也。凡令訓善者，靈之假借字也。」

命、令稍有別，命專指上級命令下級。令有使的意思，又虛化為假使義，《史記》:「借第令毋斬。」借、第、令三字同義連文，均表假設。漢代超過萬戶的大縣的長官謂之令，不足萬戶的稱長。令有時令、季節義，今有「夏令營」。《禮記》有《月令》篇，漢代崔寔有農書《四民月令》。

𠨘 bì　輔信也。从卩，比聲。《虞書》曰：𠨘成五服。〔毗必切〕

【注釋】

今毗輔之本字也。《說文》:「毗,人臍也。」非本字明矣。

㸔 chǐ　有大度也。从卪,多聲。讀若侈。〔充豉切〕

【注釋】

段注:「凡从多之字訓大,《釋言》曰:庶,侈也。是其義。」從多之字多有大、張開義,見前「哆」字注。

卹 bì　宰之也。从卪,必聲。〔兵媚切〕

卲 shào　高也。从卪,召聲。〔寔照切〕

【注釋】

《廣雅》:「卲,高也。」「卲才」謂高才也。

段注:「《廣雅·釋詁》同。《法言》曰:公儀子、董仲舒之才之卲也。又曰:賢皆不足卲也。」

厄 è　科厄,木節也。从卪,厂聲。賈侍中說以為:厄,裹也。一曰:厄,蓋也。〔臣鉉等曰:厂非聲,未詳。〕〔五果切〕

【注釋】

《說文》之解,典籍不多見。木節者,樹木上的突起,巴結也。

本義是困厄,遭遇困境。如「厄運」「厄於海上」,又指險要處,如「險厄」。從厂、卪會意,「厂」象山崖,「卪」象人在崖洞下捲曲身子不得伸展。

厀 xī(膝)　骽頭卪也。从卪,桼聲。〔臣鉉等曰:今俗作膝,非是。〕〔息七切〕

【注釋】

今作膝字。古人席地而坐,對坐挨得近時膝蓋最先接觸,故曰「促膝長談」。

卷 juǎn　厀曲也。从卪,舂聲。〔居轉切〕

【注釋】

厀曲者，名詞，即今腿彎。

段注：「卷之本義也，引申為凡曲之稱。《大雅》：有卷者阿。傳曰：卷，曲也。又引申為舒卷，《論語》：邦無道，則可卷而懷之。即《手部》之捲收字也。」

卻 què（却）　節卻也。从卪，𧮫聲。〔去約切〕

【注釋】

今隸變作却。本義即後退。𧮫，音 jué，非谷字也。引申推辭義，今有「盛情難卻」；又去掉義，用在動詞後，如「醫得眼前瘡，剜卻心頭肉」。作副詞，還也、再也，如「卻話巴山夜雨時」。

卸 xiè　舍車解馬也。从卪、止，午聲。讀若汝南人寫書之寫。〔臣鉉等曰：午，馬也，故从午。〕〔司夜切〕

【注釋】

舍，止也。卸的本義是卸車，把馬從車上卸下來。卸除義在唐以前也作「寫」。

段注：「馬以駕車，止車則解馬矣。一說解馬謂騎解鞍。《方言》曰：發，舍車也。東齊海岱之間謂之發，宋趙陳魏之間謂之稅。郭注：今通言發寫。按發寫即發卸也，寫者卸之假借字。《曲禮》曰：器之溉者不寫，其餘皆寫。義正同卸。今卸為通用俗語。」

卪 zhuàn　二卪也。巽从此。闕。〔士戀切〕

【注釋】

甲骨文作，羅振玉《增訂殷虛書契考釋》：「象二人相从之狀，即古巽字，訓為順。」

𠨍 zòu　卪也。闕。〔則候切〕

【注釋】

卪𠨍即今「節奏」之初文也。

文十三

印部

印 yìn　　執政所持信也。从爪，从卩。凡印之屬皆从印。〔於刃切〕

【注釋】

甲文作、，商承祚《殷虛文字彙編》：「从爪从人跪，象手抑人使之跪，其義如許書之抑，其字形則如許書之印。印之本訓即為按抑，後世執政以印施治，乃假按印之印字為之。反印為抑，殆出晚季，所以別於印信字也。」

羅振玉《增訂殷虛書契考釋》：「許書印、抑古為一字，後世之印信，古者謂之璽節，初無印之名。」引申之，印有合義，今有「印證」「心心相印」。

段注：「凡有官守者皆曰執政，其所持之卩信曰印。古上下通曰璽，《周禮·璽節》注曰：今之印章。」

归 yì（抑）　　按也。从反印。〔於棘切〕 俗从手。

【注釋】

今通行重文抑字。

本義是按壓，今有「壓抑」。作虛詞，意義有三：一表輕微轉折，如「多則多矣，抑君如鼠」；二表選擇，如「求之歟，抑與之歟」。今有「抑或」。三表遞進，而且也，如「非惟天時，抑亦人謀」。

段注：「《淮南·齊俗訓》曰：若璽之抑埴。即今俗云以印印泥也，此抑之本義也，引申之為凡按之稱。《內則》：而敬抑搔之。注曰：抑，按也。又引申之為凡謙下之稱。用印者必下向，故緩言之曰印，急言之曰归。」

文二　重一

色部

色 sè　　顏气也。从人，从卩。凡色之屬皆从色。〔所力切〕 古文。

【注釋】

本義是臉色。段注：「引申之為凡有形可見之稱。」「相」「色」皆有面相、面色義，又有察看義，同步引申也。今「物色」者，察看、尋求也。

艴 bó　　色艴如也。从色，弗聲。《論語》曰：色艴如也。〔蒲沒切〕

【注釋】

今「勃然大怒」之本字也。

段注：「今《論語》作勃，《木部》引《論語》作孛，蓋必有古、魯、齊之別在其間矣。」

䒒 pīng　　縹色也。从色，并聲。〔普丁切〕

文三　重一

卯部

卯 qīng　　事之制也。从卩、𠬝。凡卯之屬皆从卯。闕。〔去京切〕

【注釋】

此「面向」之初文也。甲骨文作，羅振玉《增訂殷虛書契考釋》：「此為背向字，卯象二人相向，猶背象二人向背。」

卿 qīng　　章也。六卿：天官冢宰、地官司徒、春官宗伯、夏官司馬、秋官司寇、冬官司空。从卯，皀聲。〔去京切〕

【注釋】

卿為上大夫，亦泛指大夫。卿本大夫義，今作為對人之敬稱，猶公、子皆為爵位，後亦轉為敬稱。

卿又為古代朋友、夫婦間的愛稱，「卿卿」表相愛男女之稱謂，如「意映卿卿如晤」「我不卿卿，誰當卿卿」。今有「卿卿我我」，猶你你我我也。直稱對方為你，是關係非常親密的稱呼，否則即屬不敬。

羅振玉《增訂殷虛書契考釋》：「甲文象兩人相向就食之形，公卿字、鄉黨字、饗食字，本一字。」詳見前「鄉」字注。

文二

辟部

辟 bì　　法也。从卩，从辛，節制其辠也。从口，用法者也。凡辟之屬皆从辟。〔必益切〕

【注釋】

本義是法律。

《詩經》：「辟言不信。」「辟言」者，合乎法正之言也。古五刑之一有大辟者，謂砍頭也，猶如今之正法。辟之常用義為君主，《爾雅》：「辟，君也。」今「復辟」者，重新當君主也。又音 pì，開闢也，本字當作闢，後簡化漢字廢闢。

古有「徵辟」制，見「徵」字注。開闢謂之辟，消除、排除亦謂之辟，《小爾雅》：「辟，除也。」古有神獸名「辟邪」，「辟邪劍法」，謂消除邪惡。正反同辭也。辟又有邪惡義，如「放辟邪侈，無所不為」。辟有透徹義，今有「精辟」「鞭辟入裡」。

段注：「引申之為罪也，謂犯法者則執法以罪之也。又引申之為辟除，如辟寒、辟惡之類是也。又引申之為盤辟，又引申為一邊之義，如《左傳》曰『闕西辟』是也。或借為僻，或借為避，或借為譬，或借為闢，或借為壁，或借為襞。」

𨐨  bì　治也。从辟，从井。《周書》曰：我之不𨐨。〔必益切〕

𨐬  yì　治也。从辟，乂聲。《虞書》曰：有能俾𨐬。〔魚廢切〕

【注釋】

此「乂治」之本字也，古書常作艾字。

段注：「《丿部》曰：乂，芟艸也。今則乂訓治而𨐬廢矣。《詩》作艾，《小雅・小旻》傳曰：艾，治也。有能俾𨐬，今𨐬作乂。」

文三

勹部

勹  bāo　裹也。象人曲形，有所包裹。凡勹之屬皆从勹。〔布交切〕

【注釋】

此包之初文也，段注：「今字包行而勹廢矣。」

𠣾  jū　曲脊也。从勹，籀省聲。〔巨六切〕

【注釋】

今「鞠躬」之本字也。《說文》：「鞠，蹋鞠也。」鞠之本義類似今之足球，非本字明矣。段注：「鞠則𠣾之假借字也，鞠躬行而𠣾廢矣。」

匍 pú　　手行也。从勹，甫聲。〔簿乎切〕

【注釋】

段注：「今人以手摸索，其語薄乎切，當作此字。」

匐 fú　　伏地也。从勹，畐聲。〔蒲北切〕

匊 jū（掬）　　在手曰匊。从勹、米。〔臣鉉等曰：今俗作掬，非是。〕〔居六切〕

【注釋】

今掬之初文也。

段注：「《唐風》：椒聊之實，蕃衍盈匊。《小雅》：終朝采綠，不盈一匊。毛皆云：兩手曰匊。此云在手，恐傳寫之誤」

勻 yún　　少也。从勹、二。〔羊倫切〕

勼 jiū　　聚也。从勹，九聲。讀若鳩。〔居求切〕

【注釋】

《爾雅》：「鳩，聚也。」本字當作勼。讀若鳩，許書有以讀若破假借之例。

段注：「《釋詁》曰：鳩，聚也。《左傳》作鳩，《古文尚書》作逑，《辵部》曰：逑，斂聚也。《莊子》作九。今字則鳩行而勼廢矣。」

旬 xún　　遍也，十日為旬。从勹、日。〔詳遵切〕 古文。

【注釋】

古代十天干紀日，每十日周而復始，稱一旬。也叫「浹旬」，謂循環一周也。旬引申有周義，用於年月，「旬歲」謂一週年也。唐代官制，官吏十天一次休息沐浴，每月分為上浣、中浣、下浣，後借作上旬、中旬、下旬的別稱。又十歲為旬，今有「七旬老人」。《爾雅》：「宣、徇，遍也。」徇乃旬之假借字也。

十干紀日在我們今天的遺存，是「旬」這一紀時單位。它出現得很早，大約在夏代已經開始使用，但目前還沒有直接的考古資料作為確證。原始社會到夏代間「天有十日」的神話傳說，反映了十干紀日的起源。《左傳》魯昭公五年記載卜楚丘的話說「日之數十」，晉代杜預注「甲至癸」。這裡的「甲至癸」，是使用十干紀日的確證。

「旬」字本義，就是十干紀日由甲日至癸日循環一周。我們今天用「上旬」「中旬」和「下旬」將一月三分，大體仍依一旬十日。干支紀日是在十干紀日基礎上產生的，干支紀日方法在殷代中後期已經普遍使用，甲骨文中有完整的六十甲子配合表，乃當時紀日之日曆牌。

古人紀日有時只記天干，不記地支，這也是十干紀日的證據，《楚辭・九章・哀郢》：「出國門而軫懷兮，甲之朝吾以行。」這種情況在甲骨文時代也已經有了。僅用地支紀日比較後起，大多限於特定的日子，如「子、卯不樂」(《禮記・檀弓下》)、「三月上巳」之類。此「子」「卯」「巳」日就是干支紀日中的地支部分，見「臘」字注。

鵬按：先有十天干紀日，後有干支紀日，後來單純的地支紀日實乃干支紀日之簡省，這與先有歲陽紀年、歲陰紀年，然後歲陽、歲陰組合演變為干支紀年有所不同。

勹  bào　　覆也。从勹覆人。〔薄皓切〕

【注釋】

段注：「此當為抱子、抱孫之正字。今俗作抱，乃或捊字也。《衣部》之褱也，則訓褢也。」

匈  xiōng（胸）　　膺也。从勹，凶聲。〔許容切〕 匈，或从肉。

【注釋】

今通行重文胸字。「匈匈」謂喧鬧貌，如「天下匈匈」。

匊  zhōu　　帀遍也。从勹，舟聲。〔職流切〕

【注釋】

今「周遍」之本字也，《說文》：「周，密也。」非本字明矣。

段注：「《口部》曰：周者，密也。周自其中之密言之，匊自其外之極復言之。凡圜周、方周、周而復始，其字當作匊，謂其極而復也。凡圜冪、方冪、冪積謂之周，謂其至密無疏罅也。《左傳》以周、疏對文，是其義。今字周行而匊廢，概用周字，或又作週。蓋自古假周為匊矣。」

匌 gé　　帀也。从勹，从合，合亦聲。〔侯閤切〕

【注釋】

《釋詁》：「敆、郃，合也。」郃乃地名，於義無取，當為匌字之假借。

匓 jiù / yù　　飽也。从勹，𣪘聲。民祭，祝曰：厭匓。〔己又切〕，又〔乙庶切〕

【注釋】

今「飫飽」之本字也。《說文》：「𩚵，燕食也。」本義是宴飲，非本字明矣。

復 fù　　重也。从勹，復聲。〔扶富切〕 或省彳。

【注釋】

复、復、複，皆同源詞也。段注：「今則複行而復廢矣。」

冢 zhǒng　　高墳也。从勹，豖聲。〔知隴切〕

【注釋】

大墳叫冢，引申為大義。古有「冢宰」，也叫太宰、大宰。冢、太皆大也，即宰相也。「冢子」謂嫡長子。引申之，冢有山頂義，《詩經》：「百川沸騰，山冢崒崩。」

段注：「《釋山》云：山頂曰冢。許以冢為高墳之正稱，則不用《爾雅》說。引申之凡高大曰冢。《釋山》及《十月之交》傳：山頂曰冢。乃借冢稱耳。」

文十五　重三

包部

包 bāo　　象人懷妊，巳在中，象子未成形也。元气起於子，子，人所生也。男左行三十，女右行二十，俱立於巳，為夫婦。懷妊於巳，巳為子，十月而生。男起巳至寅，女起巳至申，故男年始寅，女年始申也。凡包之屬皆从包。〔布交切〕

【注釋】

本義是胞衣，胞之初文也。

段注：「引申之為凡外裹之稱，亦作苞，皆假借字。凡經傳言苞苴者，裹之曰苞，藉之曰苴。男自子左數次丑、次寅、次卯為左行，順行，凡三十得巳。女自子右數次亥、次戌、次酉為右行，逆行，凡二十亦得巳。至此會合，故《周禮》令男三十而娶，女二十而嫁，是為夫婦也。」

胞 bāo　兒生裹也。从肉，从包。〔匹交切〕

【注釋】

本義是胞衣。今有「同胞」「胞兄」「胞叔」。

段注：「今俗語同胞是也。其借為脬字，則讀匹交切。脬者，旁光也，腹中水府也。」

匏 páo　瓠也。从包，从夸聲。包，取其可包藏物也。〔薄交切〕

【注釋】

葫蘆也。古代八音有匏，今葫蘆絲之屬也。

段注：「瓠下曰：匏也。與此為轉注。匏判之曰蠡、曰瓢、曰巹，《邶風》傳曰：匏謂之瓠。謂異名同實也。《豳風》傳曰：壺，瓠也。此謂壺即瓠之假借字也。」

文三

茍部

茍 jì　自急敕也。从羊省，从包省，从口，口猶慎言也。从羊，羊與義、善、美同意。凡茍之屬皆从茍。〔己力切〕 古文，羊不省。

【注釋】

自急敕者，自己趕緊警戒自己。《說文》：「苟，艸也。从艸，句聲。」二字有別，作偏旁時或混用。敬从茍，非从苟也。然古籍俗字中敬、苟可通用。

敬 jìng　肅也。从攴、茍。〔居慶切〕

【注釋】

恭敬二字義古有別，恭指對人恭敬有禮，重在外貌；敬指做事認真，一絲不苟，重在內心。《論語》：「居處恭，執事敬。」

文二 重一

鬼部

鬼 guǐ　人所歸為鬼。从人，象鬼頭。鬼陰氣賊害，从厶。凡鬼之屬皆从鬼。〔居偉切〕 古文，从示。

【注釋】

鬼，歸也。此聲訓也，人死則變鬼，回到其該去的酆都地府。引申之，隱秘不可捉摸謂之鬼，《韓非子》：「其用人也鬼。」今有「鬼鬼祟祟」。「鬼胎」謂不可告人之事。

段注：「《釋言》曰：鬼之為言歸也。郭注引《尸子》：古者謂死人為歸人。《左傳》：子產曰：鬼有所歸，乃不為厲。《禮運》曰：魂氣歸於天，形魄歸於地。」

魁 shén　神也。从鬼，申聲。〔食鄰切〕

【注釋】

今作為「神」之異體。

魂 hún　陽气也。从鬼，云聲。〔戶昆切〕

【注釋】

段注：「各本篆體作魂，今正。李文仲《字鑒》曰：『《說文》本下形上聲，今作魂，右形左聲。』詈之必司上言下者，意內言外之象也。䰟之必鬼下云上者，陽氣沄沄而上之象也。曰云聲者，舉形聲包會意。」

據段注，形聲字中也有象形的因素。

魄 pò　陰神也。从鬼，白聲。〔普百切〕

【注釋】

常用義是月光，如「漸吐滿輪魄」。古書有「哉生魄」「既生魄」「旁死魄」，皆謂月光也，該義又寫作「霸」。「旁魄」謂廣大無邊也。

魅 chì　　厲鬼也。从鬼，失聲。〔丑利切〕

【注釋】

段注：「厲之言烈也，厲鬼謂虐厲之鬼。厲或作癘，非。《西山經》：剛山，是多神䰠。䰠即此魅字。郭云：離魅之類也。」

魖 xū　　耗鬼也。从鬼，虛聲。〔朽居切〕

【注釋】

損耗財物的鬼神。從虛聲者，聲兼義也。段注：「《東京賦》曰：殘夔魖與罔象。夔，木石之怪也。罔象，水之怪也。與魖為三物。」

魃 bá　　旱鬼也。从鬼，犮聲。《周禮》有赤魃氏，除牆屋之物也。《詩》曰：旱魃為虐。〔蒲撥切〕

【注釋】

今常稱為旱魃，指傳說中造成旱災的鬼怪。

段注：「《大雅·雲漢》曰：旱魃為虐。傳曰：魃，旱神也。此言旱鬼，以字从鬼也，神、鬼統言之則一耳。」

彪 mèi（魅）　　老精物也。从鬼、彡。彡，鬼毛。〔密秘切〕或从未聲。古文。籀文，从彖首，从尾省聲。

【注釋】

老精物者，物老而變成的精怪。今通行重文魅。

段注：「七篇『彔』下云：刻木彔彔也。盧谷切。與此相似而非一字，轉寫失其真。」

鬾 jì　　鬼服也。一曰：小兒鬼。从鬼，支聲。《韓詩》傳曰：鄭交甫逢二女，鬾服。〔奇寄切〕

【注釋】

傳說中的小兒鬼。鬾，群母；支，章母三等，部分來自上古牙喉音齶化。

段注：「鬼衣猶魂衣，明器之屬也。《衣部》曰：褮，鬼衣也。」

虪 hū　　**鬼貌。从鬼，虎聲。〔虎烏切〕**

鬾 qí　　**鬼俗也。从鬼，幾聲。《淮南傳》曰：吳人鬼，越人鬾。〔居衣切〕**

魗 rú　　**鬼魅聲，魗魗不止也。从鬼，需聲。〔奴豆切〕**

【注釋】

需聲，心母；奴豆切，泥母。諧聲當與複輔音 sn 有關。

魄 huà　　**鬼變也。从鬼，化聲。〔呼駕切〕**

魕 nuó　　**見鬼驚詞。从鬼，難省聲。讀若《詩》：受福不儺。〔諾何切〕**

【注釋】

驚詞「那」之本字也。《正字通》：「那，借為問辭，猶何也。如何、奈何之合音也。」

段注：「見鬼而驚駭，其詞曰魕也。魕為奈何之合聲，凡驚詞曰那者，即魕字，如『公是韓伯休那』是也。《左傳》：棄甲則那。亦是奈何之合聲。《小雅·桑扈》：受福不那。傳曰：那，多也。此作不儺，疑字之誤，或是三家詩。」

魌 pín　　**鬼貌。从鬼，賓聲。〔符真切〕**

醜 chǒu（丑）　　**可惡也。从鬼，酉聲。〔昌九切〕**

【注釋】

惡，音 è，醜陋也。古丑、醜二字有別，醜乃醜陋字，丑乃十二地支之名，二字不相混，今簡化漢字歸併為一。

惡有醜義，也有不好義；好有漂亮義，也有好義。同步引申也。故醜亦引申不好義，《詩經》：「日有食之，亦孔之醜。」今有「醜聞」。引申為羞恥、恥辱義，引申憎惡義，《荀子》：「我甚醜之。」惡也有此義。醜有種類義，如「熊虎醜，其子狗」，謂熊虎類動物也。引申有類似義，《孟子》：「今天下地醜德齊。」

段注：「凡云醜類也者，皆謂醜即疇之假借字。疇者，今俗之儔類字也。《內則》曰：鼈去醜。鄭云：醜謂鼈竅也。謂即《爾雅》『白州，驠』之州字也。」州、臀也。

魋  tuí　　**神獸也。从鬼，隹聲。**〔杜回切〕

【注釋】

一種獸，似小熊。春秋時期有司馬桓魋，司馬牛之兄。司馬牛之歎，「人皆有兄弟，我獨無」，即指此人。

文十七　重四

魑  chī　　**鬼屬。从鬼，从离，离亦聲。**〔丑知切〕

【注釋】

离音 chī，非今之离開字。魑魅，木石之精怪。魍魎，山川之精怪。

魔  mó　　**鬼也。从鬼，麻聲。**〔莫波切〕

魘 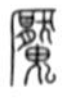 yǎn　　**夢驚也。从鬼，厭聲。**〔於琰切〕

【注釋】

噩夢也。

文三　新附

甶部

甶  fú　　**鬼頭也。象形。凡甶之屬皆从甶。**〔敷勿切〕

畏  wèi　　**惡也。从甶，虎省。鬼頭而虎爪，可畏也。**〔於畏切〕  **古文省。**

【注釋】

惡，厭惡也。本義是害怕，畏則敬，引申出敬義，今有「後生可畏」。引申出威嚴義，《韓非子》：「其行罰也，畏乎如雷霆。」《廣雅》：「畏，嚴也。」震、威也有此害怕、威嚴義，同步引申也。

畏、懼功能有別，畏多用作及物動詞，懼多用作不及物動詞。懼用作及物動詞常表使動，《老子》：「民不畏死，奈何以死懼之。」

禺 yù　　母猴屬。頭似鬼，从甶，从禸。〔牛具切〕

【注釋】

母猴者，獮猴也，也叫馬猴、沐猴，一聲之轉也。《山海經》：「有獸焉，其狀如禺而白耳。」郭璞注：「禺似獮猴而長，赤目長尾。」見「為」字注。

段注：「《爪部》曰：為者，母猴也。《又部》曰：夒，一曰：母猴也。郭氏《山海經》傳曰：『禺似獮猴而大，赤目長尾，今江南山中多有。』按《左傳》魯公為，《檀弓》作公叔禺人，可證為、禺是一物也。」

文三　重一

厶部

厶 sī　　姦邪也。《韓非》曰：蒼頡作字，自營為厶。凡厶之屬皆从厶。〔息夷切〕

【注釋】

此「公私」之本字。《說文》：「私，禾名。」非本字明矣。

段注：「公私字本如此，今字私行而厶廢矣。私者，禾名也。今本《韓非》營作環，二字雙聲語轉。營訓帀居，環訓旋繞，其義亦相通。自營為厶，六書之指事也。八厶為公，六書之會意也。」

俗字系統中又作為「某」之俗字，「厶甲」「厶乙」，即「某甲」「某乙」，猶某某也。蔣禮鴻《敦煌變文字義通釋》：「（厶乙）是一種寓名，可用於自稱，也可用於他稱，而且貴賤男女通用。」

篡 cuàn　　屰而奪取曰篡。从厶，算聲。〔初官切〕

【注釋】

小徐本「屰」作「逆」，小徐多俗字。

本義是非法奪取。《墨子》：「處大國不攻小國，處大家不篡小家。」王安石《原過》：「且如人有財，見篡於盜。」後特指臣奪君位。人體會陰部位謂之篡，《素問》：「其絡循陰器合篡間，繞篡後。」

羑 yòu（誘）　相訹呼也。从厶，从羑。〔與久切〕或从言、秀。或如此。古文。〔臣鉉等案：《羊部》有羑。羑，進善也。此古文重出。〕

【注釋】

今通行重文誘字。訹，誘也。本義是引導，今有「循循善誘」。

段注：「今人以手相招而口言羑，正當作此字，今則誘行而羑廢矣。《召南》曰：有女懷春，吉士誘之。傳曰：誘，道也。按道即導字。《釋詁》曰：誘，進也。《儀禮》：誘射。鄭曰：誘，猶教也。蓋善惡皆得謂之誘。」

文三　重三

嵬部

嵬 wéi　高不平也。从山，鬼聲。凡嵬之屬皆从嵬。〔五灰切〕

【注釋】

段注：「《周南》：陟彼崔嵬。《釋山》曰：石戴土謂之崔嵬。毛傳曰：崔嵬，土山之戴石者。說似互異。依許云高不平，則毛傳是矣。惟土山戴石，故高而不平也。岨下云：石山戴土。亦與毛同。此篆可入《山部》，而必立為部首者，巍从此也。」

鵬按：許書注解多宗毛傳，與鄭玄多歧。

巍 wēi（魏）　高也。从嵬，委聲。〔牛威切〕〔臣鉉等曰：今人省山，从為魏國之魏。語韋切。〕

【注釋】

即今魏字。《說文》無「魏」字。魏，大也。後分別異用。

段注：「高者必大，故《論語》注曰：巍巍，高大之稱也。《左傳》：卜偃曰：『萬，盈數也。巍，大名也。』雉門外闕高巍巍然，謂之象巍。按本無二字，後人省山作魏，分別其義與音，不古之甚。」

文二

卷九下

山部

山 shān　　宣也。宣气散，生萬物，有石而高。象形。凡山之屬皆从山。〔所閒切〕

【注釋】

此聲訓也。山大，故引申有大義。海也引申大義，今有「山吃海喝」「方面海口」「海量」「海碗」「壓力山大」。

嶽 yuè（岳）　　東岱，南霍[1]，西華，北恒，中泰室[2]。王者之所以巡狩所至。从山，獄聲。〔五角切〕古文[3]，象高形。

【注釋】

[1] 段注：「南霍者，衡山也，在今湖南衡州府衡山縣西北。《風俗通》曰：『衡山，一名霍山。』《爾雅·釋山》曰：霍山為南嶽。」

鵬按：霍山，安徽天柱山的別名，在安徽省潛山縣。霍山原為湖南衡山之名，即南嶽。漢武帝以衡山遼曠，移岳祠於天柱山，山神隨之遷走，以後俗人呼之為南嶽，故又名天柱山為霍山。今南嶽仍指湖南衡山。

[2] 泰室，又作太室，即嵩山也。古稱太室，漢稱嵩山。

[3] 古岳、嶽原一字之異體，後分別異用，「五岳」亦作「五嶽」，「岳父」不作「嶽父」，「岳飛」不作「嶽飛」。「叔岳」謂妻的叔伯。段注：「今字作岳，古文之變。」

岱 dài　太山也。从山，代聲。〔徒耐切〕

【注釋】

今作泰山。又叫「岱宗」「岱嶽」。太、泰，古為一字之異體，後分別異用。太、泰，大也。岱嶽雄大，故謂之泰山。太、大古音同，太即大也。太陽即大陽也，太空即大空，太監即大監，猶今之總監，太子即大子也。

泰山乃五嶽之首，上通到天。泰山下面的一座小山（梁父山）下通地府。所謂封禪，便是在泰山上築土成壇，在壇頂燔柴以祭天，叫作「封」；在泰山下面的梁父山上選擇一塊地方瘞埋祭品祭地，叫作「禪」，合稱為「封禪」。泰山是最古老的山，產生於地質時代最古老的太古代，故歷代帝王祭祀多至泰山。

段注：「大山也。大作太者，俗改也。域中最大之山，故曰大山。作太、作泰皆俗。《釋山》曰：泰山為東嶽。毛傳曰：東嶽，岱。《堯典》：至於岱宗。《封禪書》《郊祀志》曰：岱宗，泰山也。《禹貢》《職方》皆曰岱。在今山東泰安府泰安縣北。」

㠀 dǎo（島）　海中往往有山可依止曰㠀。从山，鳥聲。讀若《詩》曰：蔦與女蘿。〔都好切〕

峱 náo　山，在齊地。从山，狃聲。《詩》曰：遭我於峱之閒兮。〔奴刀切〕

【注釋】

連篆為讀。峱山，在齊地。

嶧 yì　葛嶧山，在東海下邳。从山，睪聲。《夏書》曰：嶧陽孤桐。〔羊益切〕

嵎 yú　封嵎之山，在吳楚之閒，汪芒之國。从山，禺聲。〔噳俱切〕

【注釋】

常用義是山的彎曲處。《孟子・盡心下》：「有眾逐虎，虎負嵎，莫之敢攖。」今有「負隅頑抗」。又通「隅」，角落也。嵎谷是中國神話傳說中的日落之處。《列子・湯問》：「夸父不量力，欲追日影，逐之於嵎谷之際。」

嶷 yí　九嶷山，舜所葬，在零陵營道。从山，疑聲。〔語其切〕

【注釋】

毛澤東詩：「九嶷山上白雲飛。」大舜南巡駕崩，葬於九嶷山，二妃娥皇、女英尋夫至此，淚落竹葉上，斑痕點點，是為湘妃竹，亦叫斑竹。二妃溺於湘水，被封為湘水之神，即「湘靈」。靈，神也，楚地之稱。

段注：「《海內經》：南方蒼梧之丘，蒼梧之淵，其中有九嶷山，舜之所葬，在長沙零陵界中。郭云：『山今在零陵營道縣南，其山九溪皆相似，故云九疑。古者總名其地為蒼梧也。』按諸書多作九疑，惟《山海經》作嶷，音疑，而郭注亦作九疑。」

𡺳 mín（岷）　山，在蜀湔氐西徼外。从山，敃聲。〔武巾切〕

【注釋】

連篆為讀。今作岷山。

段注：「按此篆省作峧，隸變作汶、作文、作岐、作㞶，俗作𡺳、作岷。漢蜀郡有汶江道，漢元鼎六年置。汶山郡亦作文山郡，汶、文皆即𡺳字之叚借也。《考工記》：貉踰汶則死。自謂魯北之水，殷敬順乃疑為岷江，殊誤。」

屼 jǐ　山也。或曰：弱水之所出。从山，几聲。〔居履切〕

【注釋】

弱水，《山海經》：「崑崙之北有水，其力不能勝芥，故名弱水。」今有「弱水三千，只取一瓢」。

段注：「屼山也，三字句。各本無屼字，淺人所刪，乃使文理不完。許書之例，以說解釋文字。若屼篆為文字，『屼山也』為說解。淺人往往泛謂複字而刪之，如髦篆下云『髦髮也』、巂篆下云『巂周』，河篆、江篆下云『河水』『江水』，皆刪一字，今皆補正。」

巀 jié　巀嶭山，在馮翊池陽。从山，截聲。〔才葛切〕

【注釋】

段注：「嵯峨山在西安府涇陽縣北四十里，即巀嶭山也。巀嶭、嵳峩，語音之轉。本謂山䧢皃，因以為山名也。楊雄《長楊賦》曰：椓巀嶭而為弋。巀，十五部，語轉為嵳。嶭，十五部，語轉為峩。」

嶭 niè　　巀嶭，山也。从山，辥聲。〔五葛切〕

崋 huà　　山，在弘農華陰。从山，華省聲。〔胡化切〕

【注釋】

連篆為讀。今華山之後起本字也，華山因形似花朵而得名。華陰因在華山之北而得名，山北水南為陰，「江陰」「淮陰」者同此。《水滸傳》九紋龍史進乃華陰人。

段注：「按西嶽字各書皆作華，華行而崋廢矣。漢碑多有从山者。」

崞 guō　　山，在雁門。从山，享聲。〔古博切〕

【注釋】

連篆為讀。段注：「《地理志》：鴈門郡領縣十四，有崞縣。蓋以山名縣也。不言某縣者，略也。」

崵 yáng　　崵山，在遼西。从山，昜聲。一曰：嵎銕，崵谷也。〔與章切〕

【注釋】

段注改為「首崵山也」，云：「按許意，首崵山即伯夷、叔齊餓於首崵之下也。」今作首陽山，伯夷、叔齊采薇之所也。

段注：「一曰：嵎銕，崵谷也。銕，宋本作鐵。此即《堯典》之『嵎夷暘谷』也。」

鵬按：嵎銕之銕，與鐵之異體字銕，同形字也。宋本作鐵者，蓋混為一字也。

岵 hù　　山有草木也。从山，古聲。《詩》曰：涉彼岵兮。〔侯古切〕

【注釋】

多草木的山。

段注：「《釋山》曰：多草木，岵。無草木，峐。《釋名》曰：『山有草木曰岵。岵，怙也，人所怙取以為事用也。山無草木曰屺。屺，圮也，無所出生也。』許書同《爾雅》《釋名》。」

屺 qǐ　　山無草木也。从山，己聲。《詩》曰：陟彼屺兮。〔墟里切〕

【注釋】

無草木的山。段注：「《釋山》作峐，《三蒼》《字林》《聲類》並云：峐即屺字。音起。」

嶨 xué　　山多大石也。从山，學省聲。〔胡角切〕

【注釋】

多大石的山。

段注：「《釋山》曰：多大石，嶨。許所據字从山也，《廣韻》引《爾雅》字亦从山。許《石部》有礐，訓石聲，與此義別。」

嶅 áo　　山多小石也。从山，敖聲。〔五交切〕

【注釋】

多小石的山，又作「磝」。「磝磝」，山多石貌。

段注：「《釋山》曰：多小石，磝。許所據字从山也。『魯有具、敖二山』『晉師在敖、鄗二山之間』，敖蓋即嶅字，以多小石得名。」

岨 qū　　石戴土也。从山，且聲。《詩》曰：陟彼岨矣。〔七余切〕

【注釋】

帶土的石山。戴者，頂也，今有「不共戴天」。

岡 gāng（冈）　　山脊也。从山，网聲。〔古郎切〕

【注釋】

山脊謂之岡，亦謂之嶺，山尖謂之峰。山的高處象獸類脊骨似的隆起部分。

段注：「《釋山》曰：山脊，岡。《周南》傳曰：山脊曰岡。」郭璞注：「謂山長脊。」邢昺疏：「孫炎云：長山之脊也，言高山之長脊名岡。」

岑 cén　　山小而高。从山，今聲。〔鋤箴切〕

【注釋】

本義是小而高的山。又崖岸、河邊謂之岑，《莊子》：「夜半於無人之時而與舟人門，未始離於岑。」常「岑寂」連用，寂靜、寂寞也。

段注：「《釋山》曰：山小而高曰岑。《釋名》曰：岑，嶃也，嶃然也。」

崟 yín　　山之岑崟也。从山，金聲。〔魚音切〕

【注釋】

《廣雅》：「岑崟，高也。」段注：「楊雄《蜀都賦》、張衡《南都賦》皆有嶜岑字，李善讀為岑崟。」

崒 zú　　崒危，高也。从山，卒聲。〔醉綏切〕

巒 luán　　山小而銳。从山，䜌聲。〔洛官切〕

【注釋】

峦乃巒之草書楷化字形，彎、弯亦如是。

小而尖的山謂之巒，山脊、山梁即山脈也謂之巒，也即岡、嶺，《滕王閣序》：「列岡巒之體勢。」嶺謂小而尖的山，也有山脊義，同步引申也。連著的山也謂之巒，今有「山巒起伏」。攣、巒、戀，同源詞也。

密 mì　　山如堂者。从山，宓聲。〔美畢切〕

【注釋】

形狀象堂室的山。常用有平靜、寂靜義，張衡《東京賦》：「京室密清。」密清，同義連文。

段注：「《釋山》曰：山如堂者，密。郭引《尸子》：松栢之鼠不知堂密之有美樅。按：密主謂山，假為精密字而本義廢矣。按《廣韻》密下引《說文》：山脊也。峦下云：山形如堂。蓋有誤。《玉篇》云：峦同密。」

岫 xiù　　山穴也。从山，由聲。〔似又切〕 籀文，从穴。

【注釋】

本義是山洞，陶淵明詩：「雲無心以出岫。」代指山，杜甫《甘林》：「晨光映遠岫。」

段注改作「山有穴也」，云：「有字各本奪。今依《文選》張景陽《雜詩》注補，有穴之山謂之岫，非山穴謂之岫也。《東京賦》：王鮪岫居。薛解云：山有穴曰岫。然則岫居，言居有穴之山。」

陖jùn（峻）　　**高也。从山，陖聲。〔私閏切〕****陖，或省。**

【注釋】

今通行重文峻。本義是山高大，又泛指高、大，《尚書》：「峻宇雕牆。」「枝葉峻茂」謂大茂也。引申為嚴厲苛刻，今有「嚴刑峻法」。

段注：「高者，崇也。陖者，陗高也。凡斗上曰陗，陖从陖，則義與陖同。《大雅》：崧高維嶽，駿極于天。傳曰：駿，大也。《中庸》《孔子閒居》注皆曰：峻，高大也。然則《大雅》之駿，用假借字。」

隓duò　　**山之隓隓者。从山，从㯐省聲。讀若相推落之墮。〔徒果切〕**

【注釋】

隓謂狹長的小山。隓隓，狹長貌。見「巒」字注。

段注：「《周頌》曰：隓山喬嶽。毛傳曰：隓山，山之隓隓小者也。隓隓，狹長之皃。凡圜而長者謂之隋，圜方而長者謂之隋方，字或作㯐。毛傳：方銎曰斨，隋銎曰斧。鄭注《月令》曰：隋曰竇，方曰窖。注《禮器》曰：棜禁，如今方案隋長。隋長皆用隋字。」

嶘zhàn　　**尤高也。从山，棧聲。〔士限切〕**

【注釋】

棧聲，聲兼義。棧者，棚也，高出地面也。段注：「尤高謂之嶘，今字作巉。」

崛jué　　**山短高也。从山，屈聲。〔衢勿切〕**

【注釋】

從屈聲，聲兼義也。本義是比較陡峭的山，引申為高起、突起，今有「崛起」。

段注：「短高者，不長而高也，不長故从屈。屈者，無尾也，無尾之物則短。張揖《上林賦》注曰：崛崎，斗絕也。」

巁 lì　　巍高也。从山，蠆聲。讀若厲。〔力制切〕

【注釋】

今作嵋，山高也。段注：「《玉篇》《廣韻》作嵋，云：巍也。」

峰 fēng　　山耑也。从山，夆聲。〔敷容切〕

【注釋】

山之頂端謂之峰，從夆之字多有尖端義。鋒者，刀之尖也；蜂，尾巴有尖之蟲。

巖 yán（岩）　　岸也。从山，嚴聲。〔五緘切〕

【注釋】

今簡化字作岩，另造之俗字也。

本義是高峻的山崖。引申為險峻、險要，《左傳》：「制，岩邑也，他邑惟命。」引申為山中洞穴，杜甫詩：「盛論岩中趣。」殷相傅說曾隱居於傅岩，傅岩一說為地名，或謂山中之洞穴，乃傅說所居也。

喦 yán（岩）　　山巖也。从山、品。讀若吟。〔臣鉉等曰：从品，象巖厓連屬之形。〕〔五咸切〕

【注釋】

即今岩字。段注：「按喦與《石部》之碞別。」

崟 lěi　　辠也。从山，絫聲。〔落猥切〕

辠 zuì　　山貌。从山，辠聲。〔徂賄切〕

【注釋】

段注：「《文選》《篇》《韻》皆作崒。」巖、喦皆岩之異體。

峼 gào　　山貌。一曰：山名。从山，告聲。〔古到切〕

嶞 duò　　山貌。从山，隓聲。〔徒果切〕〔臣鉉等案：隓與墒同。墒，

今亦音徒果切，則是隓兼有此音。〕

【注釋】

段注：「按隓者，小篆文之墒也。隓从隋者，从墒之省也。是則隓、墮蓋一字，不當為二。」

嵯 cuó　山皃。从山，差聲。〔昨何切〕

峨 é　嵯峨也。从山，我聲。〔五何切〕

【注釋】

本義是山高。泛指高，今有「峨冠博帶」。《釋山》厜㕒，又作崔嵬。

崝 zhēng（崢）　嶸也。从山，青聲。〔臣鉉等曰：今俗別作崢，非是。〕〔七耕切〕

【注釋】

連篆為讀。今作崢嶸。險峻貌，又指深險貌，《廣雅》：「崢嶸，深冥也。」《漢書》：「臨崢嶸之測之深。」泛指不平常，如「崢嶸歲月」。

段注：「《方言》曰：崝，高也。郭云：『崝嶸，高峻之皃也。』崝，今字作崢。」

嶸 róng　崝嶸也。从山，榮聲。〔戶萌切〕

【注釋】

亦作嵤。

㟚 kēng　谷也。从山，巠聲。〔戶經切〕

【注釋】

段注：「㟚谷也，三字句。各本刪㟚字，今補。《廣韻》曰：『㟚，口莖切，或作硎。谷名，在麗山，昔秦密種瓜處。』按秦冬月種瓜谷中溫處，瓜實，因使諸生往視說之，發機坑諸生。」

崩 bēng　山壞也。从山，朋聲。〔北滕切〕 古文，从𨸏。

【注釋】

本義是山倒塌。壞，倒塌也。寓言《智子疑鄰》:「遇雨，牆壞。」山崩地裂，場景恢弘，以喻帝王之死，今有「駕崩」。

岪  fú　　山脅道也。从山，弗聲。〔敷勿切〕

【注釋】

半山腰上的路。「岪鬱」，山勢曲折也，如「其山則盤紆岪鬱」。

段注：「脅者，兩膀也。山如人體，其兩旁曰脅。《楚辭·招隱士》云：坱兮圠山曲岪。王注云：盤結屈也。結屈，許書作詰詘，山脅之道然也。」

嵍  wù　　山名。从山，敄聲。〔亡遇切〕

嶢  yáo　　焦嶢，山高貌。从山，堯聲。〔古僚切〕

【注釋】

段注：「嶕，古衹作焦。」可從。

從堯之字多有高、長義。堯有高義，帝堯者，名放勳，德行之高也，故謚堯。如趬（行輕貌，一曰：舉足也）、翹（尾長毛也）、曉（高明也）。

⿰山戕  qiáng　　山峻也。从山，戕聲。〔慈良切〕

嵏  zōng　　九嵏山，在馮翊谷口。从山，嵏聲。〔子紅切〕

【注釋】

段注：「九嵏山有九夆，俱峻。又按古書皆作嵕，山在左。」九嵕山，別名九峻山，是唐太宗李世民昭陵的所在地。山南水北為陽，陝西咸陽位於九嵕山之南、渭水之北，山水俱陽，故名咸陽。

岊  jié　　陬隅，高山之節。从山，从卪。〔子結切〕

【注釋】

從卪，卪亦聲。

鵬按：此《詩經・節南山》「節彼南山」之本字也。節者，高峻貌也。阪隅，角落也。

段注：「《阜部》曰：隅者，陬也。陬者，隅也。《孟子》：虎負嵎。是知隅者，高山之卪也。嵎即隅字。山之卪曰岊，猶竹卪曰節，木卪曰科厄也。」

崇 chóng　　嵬高也。从山，宗聲。〔鉏弓切〕

【注釋】

嵬高，同義連文，高也。

本義是山高，引申推崇，崇敬義。又有充滿義，《小爾雅》：「崇，塞也。」蓋通「充」也。柳宗元文：「崇酒於觴。」又積累也，《廣雅》：「崇，積也。」《左傳》：「今將崇諸侯之奸。」又終盡、終了也，蓋亦通「充」也，《小爾雅》：「充，竟也。」「崇日」謂一天也。「崇朝」謂一個早上，猶終朝也。或謂高則滿，積則終，高則敬也。本字可通，無需假借。

段注：「崇之引申為凡高之稱。《大雅》：福祿來崇。傳曰：崇，重也。《禮經・崇酒》注：崇，充也。《邶風》：崇朝其雨。傳曰：崇，終也。皆音近假借。」

嵩山（嵩高）最早只稱為崇高，後人以崇為泛高之稱，嵩則為中嶽。段注：「崧、嵩二形皆即崇之異體，韋注《國語》云：古通用崇字。」

崔 cuī　　大高也。从山，佳聲。〔胙回切〕

【注釋】

崔崔，高大貌。又指蹉跎，如「崔頹」，凋敗也，指光陰虛度。後作姓氏字，「崔張事」指《西廂記》所敘述的崔鶯鶯與張生的愛情故事。

文三五　重四

嶙 lín　　嶙峋，深崖貌。从山，粦聲。〔力珍切〕

【注釋】

嶙峋，謂山石重疊不平。

峋 xún　　嶙峋也。从山，旬聲。〔相倫切〕

岌 jí　山高貌。从山，及聲。〔魚汲切〕

【注釋】

岌岌，山聳起貌，亦喻危險，如「岌岌可危」「岌岌不可終日」。

嶠 jiào　山銳而高也。从山，喬聲。古通用喬。〔渠廟切〕

【注釋】

本義是山高而尖，又指山道，《廣韻》：「嶠，山道也。」又指山嶺。從喬之字多有高大義，見前「橋」字注。

嵌 qiàn　山深貌。从山，歁省聲。〔口銜切〕

【注釋】

本義是山谷深的樣子，「嵌谷」謂深谷也。今作鑲嵌字。

嶼 yǔ　島也。从山，與聲。〔徐呂切〕

【注釋】

小島也。

嶺 lǐng（岭）　山道也。从山，領聲。〔良郢切〕

【注釋】

本義是山道，即山脊上築的道路。

嵐 lán　山名。从山，葻省聲。〔盧含切〕

【注釋】

常用義是山間的霧氣，如「山嵐」。

清有紀昀，字曉嵐。曉嵐者，早上山間之霧氣。昀者，日光也。日出則霧氣散，名字相關也。今人有李嵐清。

嵩 sōng　中嶽嵩高山也。从山，从高。亦从松。韋昭《國語》注云：古通用崇字。〔息弓切〕

【注釋】

本義是嵩山，又叫嵩高，俗字作崧，見前「崇」字注。引申高也，《爾雅》:「喬、嵩、崇，高也。」段注：「崧、嵩二形皆即崇之異體。」

崑  kūn　　崑崙，山名。从山，昆聲。《漢書》、楊雄文通用「崑崙」。〔古渾切〕

崙  lún　　崑崙也。从山，侖聲。〔盧昆切〕

嵇  jī　　山名。从山，稽省聲。奚氏避難，特造此字，非古。〔胡雞切〕

【注釋】

嵇山，在安徽省宿縣西南，相傳三國魏嵇康居此。嵇康原姓奚氏，由會稽遷往譙郡銍縣，改為嵇氏。會稽（今浙江紹興）曾為大禹召集諸侯開會之地，相傳夏禹大會諸侯於此計功，故名。大禹死後就埋葬在會稽山，其後代在會稽山上建立了宗廟。

夏君主少康即位後，將其子季杼封於會稽，專門主持禹帝的祭祀活動，其後裔遂以先祖的封邑名稱為氏，稱會稽氏。到了漢朝初年，會稽氏族人遷到豫州南部譙郡嵇山（今安徽亳州蒙城一帶），遂指地改為嵇氏。此後，會稽氏的後裔就以「嵇」作為姓氏，世代相傳至今。

文十二 新附

屾部

屾  shēn　　二山也。凡屾之屬皆从屾。〔所臻切〕

嵞  tú　　會稽山。一曰：九江當嵞也，民以辛壬癸甲之日嫁娶。从屾，余聲。《虞書》曰：予娶嵞山。〔同都切〕

【注釋】

會稽山，見上「嵇」字注。今《尚書》作「予取塗山」，大禹娶了塗山氏之女為妻。

段注：「嵞山即會稽山。嵞、塗古今字，故今《左傳》作塗。劉向《上封事》曰：

禹葬會稽。蓋大禹以前名嵞山，大禹以後則名會稽山，故許以今名釋古名也。縣之名當塗者，蓋以嵞山得名。嵞、塗古今字。」

文二

屵部

屵 è　　岸高也。从山、厂，厂亦聲。凡屵之屬皆从屵。〔五葛切〕

【注釋】

此岸之初文也。

徐灝《說文解字注箋》：「屵蓋即岸字，岸本作厂，籀文从厂增干聲作厈，此則从厂加山。」段注：「屵之言钀钀然也。《廣韻》：高山狀。」

岸 àn　　水厓而高者。从屵，干聲。〔五旰切〕

【注釋】

本義是水邊高地。厓者，邊也。泛指邊，崖岸，《荀子》：「三尺之岸而虛車不能登也。」引申出高大義，今有「偉岸」「傲岸」。

段注：「《衛風》：淇則有岸。《小雅》：高岸為谷。其本義也。《大雅》：誕先登于岸。傳曰：岸，高位也。其引申之義也。箋云：岸，訟也。《小雅·小宛》傳曰：岸，訟也。此皆借岸為犴獄字也。」

崖 yá　　高邊也。从屵，圭聲。〔五佳切〕

【注釋】

本義是山的邊。泛指邊際、盡頭，《莊子》：「望之而不見其崖。」涯、崖同源詞也，都有邊際義。

崔 duī　　高也。从屵，隹聲。〔都回切〕

𡶒 pǐ　　崩也。从屵，肥聲。〔符鄙切〕

【注釋】

𡶒，又作圮，《爾雅》：「圮，毀也。」毀、崩，皆今之倒塌也。

崫 pèi　　崩聲。从屵，配聲。讀若費。〔蒲沒切〕

【注釋】

斃為倒，崫為倒塌之聲，同源詞也。費音 bì。段注：「按此蓋即崩之或體耳，《玉篇》有崩無崫，可證。《廣韻》傍佩切。」

文六

广部

广 yǎn　　因厂為屋，象對刺高屋之形。凡广之屬皆从广。讀若儼然之儼。〔魚儉切〕

【注釋】

厂者，山崖之形。對刺，高聳貌。

本義是依山建築的房子，故從广之字多與房子相關，依崖搭建，一面敞開，如車庫、馬廄等。與從宀之字多同類，宀象房子之側面形。今簡化漢字作「廣」之簡體字。

段注：「厂者，山石之厓岩，因之為屋，是曰广。《廣韻》琰、儼二韻及《昌黎集》注皆作因岩，可證因岩即因厂也。」

府 fǔ　　文書藏也。从广，付聲。〔臣鉉等曰：今藏腑字俗書从肉，非是。〕〔方矩切〕

【注釋】

本義是藏文書的地方。段注：「文書所藏之處曰府，引申之為府史、胥徒之府，百官所居曰府。」

常「府庫」連用，庫者，藏兵車的地方。《左傳》有「府人」「庫人」。「府上」，敬詞，稱對方的住所或故鄉。對方的家又稱「潭府」，潭，深也。唐朝縣長叫明府，縣尉叫少府，王勃有《送杜少府之任蜀州》。

廱 yōng　　天子饗飲辟廱。从广，雝聲。〔於容切〕

【注釋】

天子舉行鄉飲酒禮的地方叫辟廱。古者學在官府，官師不分，學校既是官員的辦公地，也是舉行各種禮節的地方。故天子的學校也叫辟廱，諸侯的學校叫泮宮。

段注：「辟雝者，天子之學，圓如璧，壅之以水，示圓言辟，取辟有德。不言辟水言辟雝者，取其廱和也，所以教天下。天子曰辟廱，諸侯曰泮宮。然則太學即辟廱也。」

庠𢉖 xiáng　　禮官養老。夏曰校，殷曰庠，周曰序。从广，羊聲。〔似陽切〕

【注釋】

「禮官養老」者，掌管禮儀的官員敬養老人的地方。

校、庠、序皆學校名，古者學校也是舉行慶典之處，見上「廱」注。庠指古代的地方學校，又泛指學校。《孟子》：「謹庠序之教。」「庠序」謂學校。「庠生」謂明清時的秀才。古代小學叫「下庠」，大學叫「上庠」。

廬𢋞 lú　　寄也。秋冬去，春夏居。从广，盧聲。〔力居切〕

【注釋】

今簡體字庐乃廬之另造俗字。

本義是簡陋的房舍，《詩經》：「中田有廬。」引申為動詞居住，張衡《西京賦》：「恨阿房之不可廬。」古代為父母守孝要在墳旁蓋一草屋而居，謂之「廬冢」或「廬墓」。

庭𢈷 tíng　　宮中也。从广，廷聲。〔特丁切〕

【注釋】

宮者，房屋之總名，外面有圍牆包著，秦以後才作為宮殿專名。庭，乃廷之後起字。庭是天子召見諸侯之所，故有「朝廷」之說。庭很大，類似今故宮太和殿前之廣場。申包胥哭秦庭者是也。

朝即廷也，早期的朝廷（戰國前）施行的是前朝後寢、五門三朝制。由外至內，分皋門、庫門、雉門、應門、路門五門，外朝、治（中）朝、燕（內）朝三朝。三個朝都是露天的。

天子皋門與應門之間是外朝（諸侯在皋門和雉門之間），是一大塊空闊之地，是露天的庭院，兩旁有圍牆，又稱為外廷、大廷。整個外朝，國人可以隨便出入，是頒布法令、處理獄訟等地。天子應門與路門之間是中朝（諸侯在雉門和路門之間），又稱治朝，是君王每日上朝，公卿大夫治理政事之地，是周代朝廷的核心，國家大事決議之所在。最後是內朝，也稱燕朝，在路門之內，也是露天之廷，金文作「中廷」，文獻中稱「寢廷」，《左傳》：「獻子從公立於寢庭。」謂寢前的庭院。內朝就在此中廷、寢廷中進行。此朝非議政之所，而是帶禮儀與宗法性質的議事處，宗族親朋、異姓諸侯聚議家事、宗族事務和其他非政治性之事務。

三朝後的宮室區，稱「寢」，又稱「路寢」。朝與寢合之為宮城，「路寢」又稱大寢、大宮、大室，至此才建宮室。路寢建於高臺上，由階而上。路寢是總稱，細分之，天子諸侯均有三寢：高寢、路寢、小寢。高寢是君王父母居室，小寢是君王燕息處，路寢是君王在此聚議（包括政事之外的聚會、議事）、齋戒等，相當於內朝的延伸。整個寢宮是堂室制，前面的正堂即是君王聚會、議事的路寢，後面的室是小寢，室後是北堂，殆即高寢所在（故北堂又指母親的居室）。總之，戰國之前內朝、路寢不預政。至戰國，各諸侯國已普遍路寢聽政，君權更趨集中，實際上，三朝制已告消亡，內朝、路寢即君王決定一切。「寢廟」「寢廷」可指稱朝廷。另見「廟」字注。

前朝後寢、五門三朝雖是上古（戰國前）之制，但後世歷代都城的宮廷結構大體循之，最典型的是明清北京城。皇城最南之中軸線上是天安門，沿中軸線向北是端門、午門，此三門相當於上古皋、庫、雉三門。向北過金水橋為太和門（明朝的御門聽政即在此門），相當於應門，應門之外為外朝。再向北是乾清門，相當於路門，太和門和乾清門之間是三大殿，三大殿之廷為治朝，而殿為上古所無。乾清門之內是乾清宮、交泰殿、坤寧宮，及后三宮兩側嬪妃所居的東西六宮，此區即為燕朝。參黃金貴《古代文化詞義集類辨考》。

《詩經・綿》：「迺立皋門，皋門有伉。迺立應門，應門將將。」該詩重點提了皋門和應門，皋門即王都的郭門，應門即王宮的正門。這也是天子非諸侯的建制。據《考工記》和《左傳》的記載，《左傳・隱公元年》：「都城（大夫的城市）過百雉，國之害也。先王之制，大都不過三國（諸侯國都）之一，中五之一，小九之一。」估算起來，周天子的京城約相當於北京的皇城（南門是天安門，東西、南北長度大致各 5 里地），諸侯的國都則略大於故宮（南門是午門，東西、南北長度都不超過 2 里地）。本許嘉璐先生語。

鵬按：若以諸侯的制度來對應北京城或許更合適，即皋門和雉門之間為外朝，雉門和路門之間是中朝，雉門相當於午門，午門之外即外朝，國人隨便活動，無須買票。進入午門則進入宮城，午門和乾清門之間是中朝，最主要的建築是三大殿和大廣場，群臣治理政事於此。太和門及其外廣場也算治理政事之所，明代御門聽政於此。

故宮的建築依據其布局與功用，分為「外朝」與「內廷」兩大部分。「外朝」與「內廷」以乾清門為界，乾清門以南為外朝，以北為內廷。太和門是外朝宮殿的正門，亦為紫禁城內最大的宮門。這個外朝跟五門三朝的外朝不是一回事，這個外朝相當於中朝。

霤 liù　中庭也。从广，留聲。〔力救切〕

庉 dùn　樓牆也。从广，屯聲。〔徒損切〕

庌 yǎ　廡也。从广，牙聲。《周禮》曰：夏庌馬。〔五下切〕

【注釋】

即廊廡也。

廡 wǔ　堂下周屋。从广，無聲。〔文甫切〕 籀文，从舞。

【注釋】

堂下周圍的走廊、廊屋，類今之廂房，又叫廊廡。

段注：「堂周屋也。各本作堂下，玄應引作『堂周屋曰廡』，今从之。許謂堂之四周為屋也。」

廬 lǔ　廡也。从广，虜聲。讀若鹵。〔郎古切〕

【注釋】

《廣雅》：「廬，屋也。」

庖 páo　廚也。从广，包聲。〔薄交切〕

【注釋】

本義是廚房，「庖人」謂廚師也。「庖丁」謂名字為丁的廚師。古者賤者無姓，以職業加名為其稱呼。「庖代」「代庖」謂替別人做事情或做別人的工作。

段注：「《周禮・庖人》注曰：庖之言苞也。苞裹肉曰苞苴。」

廚 chú（厨）　庖屋也。从广，尌聲。〔直株切〕

【注釋】

今簡化漢字作厨，俗字也。尌，音 shù。本義是廚房，又引申為櫃子義，後作「橱」，今有「橱櫃」。

庫 kù　兵車藏也。从車在广下。〔苦故切〕

【注釋】

藏兵車的地方。俗語有「馬放南山，刀槍入庫」。段注：「此庫之本義也。引申之，凡貯物舍皆曰庫。」

廄 jiù（厩）　馬舍也。从广，𣪘聲。《周禮》曰：馬有二百十四匹為廄，廄有僕夫。〔居又切〕 古文，从九。

【注釋】

隸變作廄，今簡化作厩。廄即馬圈。「廄肥」即圈肥、欄肥也。僕夫者，駕車之人也。曹植《洛神賦》：「命僕夫而就駕。」𣪘，音 jiù。

序 xù　東西牆也。从广，予聲。〔徐呂切〕

【注釋】

古者前堂後室，堂東西兩邊的牆叫序，後世兩班衙役所站立之處也。引申出順序義，「序齒」謂按年齡排次序。又指古代的地方學校，即庠也，泛指學校。見「敘」字注。

古代的序言在書後，交代成書經過等，如《史記》的《太史公自序》《說文·敘》等。後代之序言在書前。另有贈序，類似臨別贈言，有別於書序，如《送東陽馬生序》。

段注：「《釋宮》曰：東西牆謂之序。按堂上以東西牆為介，《禮經》謂階上序端之南曰序南，謂正堂近序之處曰東序、西序。又《攴部》曰：次弟謂之敘。經傳多假序為敘，《周禮》《儀禮》序字注多釋為次弟，是也。又《周頌》：繼序思不忘。傳曰：序，緒也。此謂序為緒之假借字。」

廦 bì　牆也。从广，辟聲。〔比激切〕

廣 guǎng（广）　殿之大屋也。从广，黃聲。〔古晃切〕

【注釋】

殿之大屋者，四周無牆壁的房子。屋的本義是屋頂。朱駿聲曰：「堂無四壁者，秦謂之殿，所謂堂皇也，覆以大屋曰廣。」

本義是寬大的房子。引申為寬，「廣袤」者，廣為東西長度，袤為南北長度。今曰寬，古曰廣，《詩經》：「漢之廣矣，不可遊思。」廣者，寬也。白居易《廬山草堂記》：「前有平地，輪廣十丈。」輪謂南北距離，廣謂東西距離。

引申有大義，如「君子貧窮而志廣」。又引申為動詞寬慰義，司馬遷《報任安書》：「欲以廣主上之意。」寬亦有此義，如「寬寬你的心」，同步引申也。引申有多義，今有「大庭廣眾」。廣今簡化字作广，省旁俗字也。

段注：「《土部》曰：堂，殿也。《倉頡篇》曰：殿，大堂也。《廣雅》曰：堂堭，合殿也。殿謂堂無四壁，《漢書・胡建傳》注：無四壁曰堂皇。是也。覆乎上者曰屋，無四壁而上有大覆蓋，其所通者宏遠矣，是曰廣。引申之為凡大之稱。」

廥 kuài　芻稿之藏。从广，會聲。〔古外切〕

【注釋】

本義是存放草料的房舍，泛指糧倉。會聲，聲兼義。

段注：「《天官書》：其南眾星曰廥積。如淳《漢書注》曰：芻稿積為廥也。《史記正義》曰：芻稿六星在天苑西，主積稿草者。」

庾 yǔ　水槽倉也。从广，臾聲。一曰：倉無屋者。〔以主切〕

【注釋】

存儲水路轉運糧食的倉庫，一般指露天的穀倉，又泛指糧庫。杜牧《阿房宮賦》：「釘頭磷磷，多於在庾之粟粒。」《廣雅》：「庾，量也。」古代容量單位，一庾等於十六斗。

庰 bìng　蔽也。从广，并聲。〔必郢切〕

【注釋】

庰是廁所的別稱。

段注：「《廣雅》曰：圊、圂、庰，廁也。《急就篇》曰：屏廁清溷糞土壤。屏與庰通，溷與圂通，圊與清通。下文云：廁，清也。則庰亦謂廁。」

廁 cè（厕）　　清也。从广，則聲。〔初吏切〕

【注釋】

清，圊之古字，廁所也。

段注：「清、圊古今字。《釋名》曰：廁，言人雜廁在上，非一也。或曰溷，言溷濁也。或曰圊，言至穢之處，宜常修治使潔清也。按凡云雜廁者，猶云溷雜，《急就篇》《說文・敘》皆曰『分別部居不雜廁』是也。古多假廁為側。」

廁之常用義是混雜，今有「不相雜廁」。另有混入、置身於之義，今有「廁身其間」。《報任安書》：「僕常廁下大夫之列。」古之廁所也是豬圈，所以廁有豬圈義，「人彘」戚夫人被稱為廁神。

廁簡化漢字作厕，厕乃後起之俗字，從厂、從广，一筆之差，理據盡失，此簡化漢字失誤之又一顯例。

廛 chán　　一畝半，一家之居。从广、里、八、土。〔直連切〕

【注釋】

本義是古代城市一戶平民人家居住的房地。

泛指城邑民居，「廛里」謂城市中住宅的通稱。又指儲存貨物的棧房，《詩經》：「不稼不穡，胡取禾三百廛兮。」又指店鋪，「市廛」謂店鋪集中地，即集市也。

𢇛 huán　　屋牝瓦下。一曰：維綱也。从广，閔省聲。讀若環。〔戶關切〕

【注釋】

向下覆蓋的瓦，即覆蓋在兩行仰瓦相連處的瓦，即筒瓦。

廖 cōng　　屋階中會也。从广，悤聲。〔倉紅切〕

庈 chǐ　　廣也。从广，侈聲。《春秋國語》曰：俠溝而庈我。〔尺氏切〕

【注釋】

今侈之本字也。侈者，張大也。見前「奓」字注。庝、奓同源詞也。

段注：「上文殿之大屋曰廣矣，此廣則其引申之義也。凡讀《說文》者必知斯例而後無所㡯。《廣雅》曰：庝，大也。今人曰侈斂，古字作庝廉。」

廉 lián　　仄也。从广，兼聲。〔力兼切〕

【注釋】

本義是古代堂基的四個邊，即正方體臺基上面的四條邊。

段注：「廉之言斂也，堂之邊曰廉，堂邊有隅有棱，故曰廉。廉，隅也。又曰：廉，棱也。引申之為清也、儉也、嚴利也。許以仄晐之。仄者，圻咢陖陗之謂。今之筭法謂邊曰廉，謂角曰隅。」徐灝《注箋》：「堂廉之石平整修潔而又棱角俏利，故人有高行謂之廉。」

廉引申出邊緣義，廉有棱角，故引申出棱角義，故有「廉而不劌」，謂有棱角但不傷人。廉必直，故引申出正直義，今有「廉隅自守」「廉正」「廉潔」。又考察、尋訪義，今有「廉得其情」，古有「廉訪史」，皆此義也。

庬 chá　　開張屋也。从广，秅聲。濟陰有庬縣。〔宅加切〕

【注釋】

今「奓門而入」之本字也。《說文》有「奓」，曰：「張也。」乃奢之重文。奓、庬，同源詞也。段注：「今字作秺，殊誤。」

龐 páng　　高屋也。从广，龍聲。〔薄江切〕

【注釋】

本義是高房子。引申為泛稱高大，今有「龐然大物」。

從龍之字多有大義，如龓（兼有也）、寵（尊居也）、豅（大長谷也）、壟（丘壟也）、隴（天水大阪也）等。大則易雜，故引申雜亂義，今有「龐雜」。大則壯，《詩經》：「四牡龐龐。」龐謂強壯也。

底 dǐ　　止居也。一曰：下也。从广，氐聲。〔都禮切〕

【注釋】

止居者，同義連文，停止也。本義是停止。柳宗元《天說》：「人之血氣敗逆壅底。」謂停止不流通也。引申有至、達到義，今有「終底於成」。又作何、什麼義，如「底事」「底處」。

段注：「《釋詁》曰：底，止也。又曰：底、止、徯，待也。《晉語》：戾久將底。注曰：底，止也。《左傳．昭元年》：勿使有所壅閉湫底。服注：底，止也。杜注：底，滯也。」

庢 zhì　　凝止也。从广，至聲。〔陟栗切〕

【注釋】

今窒礙之本字也。從广、穴、宀可通，故庢、窒當為異部重文。《說文》：「窒，塞也。」庢、窒同源詞也。

段注：「《石部》曰：礙者，止也。凡庢礙當作此字。今俗作窒礙，非也。《七發》曰：發怒庢沓。言水初發怒，礙止而湧沸也。又右扶風有盩庢縣，山曲曰盩，水曲曰庢。」

廮 yǐng　　安止也。从广，嬰聲。鉅鹿有廮陶縣。〔於郢切〕

废 bá　　舍也。从广，犮聲。《詩》曰：召伯所废。〔蒲撥切〕

【注釋】

本義是住宿、息止。今《詩經》「召伯所茇」之本字也。茇之本義是草根，非本字明矣。

段注：「《甘棠》曰：召伯所茇。傳曰：茇，草舍也。按許書《艸部》茇，艸根也。此废訓舍也，與毛、鄭說異。以其字从艸、从广別之耳，同音故義相因，茇、废實古今字也。」

庳 bì　　中伏舍。从广，卑聲。一曰：屋庳。或讀若逋。〔便俾切〕

【注釋】

兩邊高、中間低的房子。從卑之字多有下、小義，見前「鼙」字注。段注：「《左傳》曰：宮室卑庳。引申之，凡卑皆曰庳。《周禮》：其民豐肉而庳。」

庇 bì　蔭也。从广，比聲。〔必至切〕

【注釋】

本義是遮蔽。段注：「引申之為凡覆庇之稱。《釋言》曰：庇、休，蔭也。」

庶 shù　屋下眾也。从广、炗。炗，古文光字。〔臣鉉等曰：光亦眾盛也。〕〔商署切〕

【注釋】

本義是眾多，《爾雅》：「庶，眾也。」「庶民」者，「富庶」者，皆眾多義。嫡長子只有一個，其他兒子非一，故叫庶子，亦謂眾子。非嫡所生即叫庶出，父親的妾謂之庶母，皆多之義也。

段注：「《釋言》曰：庶，侈也。侈，鄭箋作㢋。此引申之義。又引申之，《釋言》曰：庶，幸也。又《釋言》曰：庶幾，尚也。」

甲骨文作，于省吾《甲骨文字釋林》：「甲文是从火、石，石亦聲的會意兼形聲字，也即煮之本字，庶之本義乃以火燃石而煮，是根據古人實際生活而象意依聲的造字，借庶為眾庶字，又別製煮字以代庶。」

「庶」是從火、石聲的形聲字，訛變為庶，為「炙」之異體字，本李運富先生說。

庤 zhì　儲置屋下也。从广，寺聲。〔直里切〕

【注釋】

本義是儲備。

段注：「庤與偫音義同。云置屋下者，以其字从广也。《周頌》：庤乃錢鎛。傳曰：庤，具也。」

廙 yì　行屋也。从广，異聲。〔與職切〕

【注釋】

本義是可移動的住房，類似蒙古包。常用義是恭敬，借為翼字也，《爾雅》：「翼，敬也。」「廙廙」，恭敬貌。魏人丁廙，字敬禮。

段注：「行屋，所謂幄也。許書《巾部》無幄篆，《木部》曰：幢者，帳柱也。帳有梁柱可移徙，如今之蒙古包之類。廙字本義如是，魏晉後用為翼字。如魏丁廙，字敬禮，是用為小心翼翼字也。《篇》《韻》皆曰：廙，敬也。」

廔 lòu　屋麗廔也[1]。从广，婁聲。一曰：種也[2]。〔洛侯切〕

【注釋】

［1］麗廔，明亮貌。從婁之字多有明亮義，見前「婁」字注。

［2］即今播種工具耬之本字也。段注：「《木部》曰：椴，種樓也。《廣韻》：耬，種具也。皆即廔字。」

㢈 tuí　屋从上傾下也。从广，隹聲。〔都回切〕

【注釋】

㢈、頹同源詞也。頹，傾也。

廢 fèi　屋頓也。从广，發聲。〔方肺切〕

【注釋】

本義是屋子倒塌，廢棄不用。

段注：「引申之，凡鈍置皆曰廢。《淮南・覽冥訓》：四極廢。高注：廢，頓也。古謂存之為置，棄之為廢。亦謂存之為廢，棄之為置。《公羊傳》曰：去其有聲者，廢其無聲者。鄭曰：廢，置也。於去聲者為廢，謂廢留不去也。《左傳》：廢六關。王肅《家語》作置六關。廢之為置，如徂之為存，苦之為快，亂之為治，去之為藏。」

庮 yǒu　久屋朽木。从广，酉聲。《周禮》曰：牛夜鳴則庮，臭如朽木。〔與久切〕

廑 jǐn　少劣之居。从广，堇聲。〔巨斤切〕

【注釋】

廑者，小屋之謂也。從堇之字多有小義，如謹（慎也）、暵（乾也）、僅（材能也）、艱（土難治也）等。

段注：「引申之義與《人部》之僅同，古多用廑為僅，亦用為勤字。《古今字詁》曰：廑，今勤字。」

廟 miào（庙）　尊先祖貌也。从广，朝聲。〔眉召切〕庿古文。

【注釋】

簡化字庙乃廟之後起俗字，實源自古文。

段注：「古者廟以祀先祖，凡神不為廟也，為神立廟者，始三代以後。尊其先祖而以是儀皃之，故曰宗廟。諸書皆曰：廟，皃也。《祭法》注云：廟之言皃也。宗廟者，先祖之尊皃也。凡十七篇皆作庿，注皆作廟。」

「尊先祖貌也」，通訓也。《釋名》：「廟，貌也。先祖形貌所在也。」先祖形貌所在的地方即是廟，廟、貌實同源詞也。後產生「廟貌」一詞，謂廟宇也。

廟的本義是祖廟，神廟義乃後起。引申之，朝廷亦謂之廟，如「廟堂」「廊廟」。廟、寺、觀上古區別甚大，廟指祖廟，寺是官府，觀是臺觀。後來廟是一般的廟宇，供奉的是神；寺是佛教的，奉的是佛；觀是道教的，奉的是仙。

古者天子七廟，見「祧」字注。七廟是七個獨立的宮室，合為一個宗廟區，建在宮城區南面左前方，和右邊的「社」對應，即「左祖右社」。就一個宗廟而言，是前廟後寢。每個宗廟相當於宮廷區最重要的「路寢」，見「庭」字注。前廟後寢，相當於前堂後室（兩祧廟只有廟而無寢）。廟是有廳堂、廂房的殿屋，而寢是無廂房的內室，《爾雅》：「室有東西廂曰廟，無東西廂有室曰寢。」

廟堂藏祖先神主，像君主生前在此治事，故除祭祖和行宗族儀禮外，其他軍國大事，如朝聘、命官、征戰、誓師、獻俘、慶功等重要典禮也在此舉行。寢室則陳列祖先的衣冠、几杖和其他生活用品。總之，宗廟區是朝廷的縮影，廟也就可引申為朝廷之稱。參黃金貴《古代文化詞義集類辨考》。

𢇍 jū　人相依𢇍也。从广，且聲。〔子余切〕

【注釋】

此「補苴」之本字也，或謂補苴之本字當作「蒩」，亦通，見「蒩」字注。

𢋆 yè　屋迫也。从广，曷聲。〔於歇切〕

㡿 chì（斥）　卻屋也。从广，屰聲。〔昌石切〕

【注釋】

今隸變作斥。卻屋者，拓寬房屋使之寬廣也。

本義是開拓，《小爾雅》：「斥，開也。」「斥地」者，開拓土地也。「斥道」者，開闢道路也。「斥資」謂大筆投資，具有開拓市場作用的投資。開拓則廣，故斥引申有多、廣義，今有「充斥」。

斥有偵察義，偵察兵謂之「斥候」，同義連文也。鹽鹼地謂之斥，如「斥鹵之地」。又指也，訓詁術語，如「先公，斥文王也」。斥、指一聲之轉也。

段注：「卻屋者，謂開拓其屋使廣也，與上『屋迫』成反對。《廣韻》引作卻行也，非是。卻屋之義引申之為厗逐，為充厗。《魏都賦》注引《倉頡》曰：厗，廣也。又引申為指厗。《穀梁・僖五年傳》曰：目晉候厗殺。是也。俗作厈，作斥，幾不成字。」

廞 xīn　　陳輿服於庭也。从广，欽聲。讀若歆。〔許今切〕

【注釋】

常用義為陳列。

廖 liáo（寥）　　空虛也。从广，膠聲。〔臣鉉等曰：今別作寥，非是。〕〔洛蕭切〕

【注釋】

今寂寥之古字也，後作寥。「寂寥」謂寂靜、空虛也。引申為疏稀義，今有「寥若晨星」「寥寥無幾」。

從翏之字多有空、大義，如嘐（誇語也）、謬（狂者之妄言也）、雡（鳥大雛也）、豂（空谷也）、飂（高風也）、勠（並力也）等。

文四十九　重三

廈 xià（厦）　　屋也。从广，夏聲。〔胡雅切〕

【注釋】

廈者，大屋也。夏者，大也，見「夏」字注。又謂房子後面突出的部分，如「前廊後廈」。今簡化漢字作厦，广、厂一筆之差，字之理據盡失，此簡化漢字又一敗筆。

廊 láng　　東西序也。从广，郎聲。《漢書》通用郎。〔魯當切〕

【注釋】

本義是堂兩邊的牆。本義罕見，常指堂前周圍的房子，也叫廊廡，即後世之廂房。後指今之走廊。「廊廟」謂朝廷也。

廂 xiāng（厢）　　廊也。从广，相聲。〔息良切〕

【注釋】

堂前周圍的房子，也叫廂房。簡化漢字作厢，又一敗筆。後之廂房指在正房前面兩旁的房屋，如「東廂房」「西廂房」。《西廂記》者，崔鶯鶯與張生約會生情於西廂也。今北京四合院即有正房、東西廂房和倒座房組成。

引申為靠近城的地區，今有「城廂」「關廂」。廂又有邊義，如「這廂」「這邊廂」「兩廂」。《西遊記》：「果然那廂有座城池。」廂在房屋兩邊，起輔助作用，相、箱、襄、鑲皆同源詞也。

庪 guǐ（庋）　　祭山曰庪縣。从广，技聲。〔過委切〕

【注釋】

同「庋」，常用義是置放、收藏，如「庋藏」。又指放東西的架子。

庱 chěng　　地名。从广，未詳。〔丑拯切〕

廖 liào　　人姓。从广，未詳。當是省廫字爾。〔力救切〕

文六 新附

厂部

厂 hǎn　　山石之厓岩，人可居。象形。凡厂之屬皆从厂。〔呼旱切〕籀文，从干。

【注釋】

厂之本義是山崖，乃山崖之象形，實為岸之初文也。高鴻縉《中國字例》：「厂本象石岸之形，周秦或加干為聲符作厈，後又加山於厈上作義符成岸，故厂、厈、岸實為一字。」

段注：「厓，山邊也。巖者，厓也。人可居者，謂其下可居也。屋其上則謂之广。」

厓 yá　　山邊也。从厂，圭聲。〔五佳切〕

【注釋】

此山崖之初文。後加山作崖。《說文》:「崖，高邊也。」厓、涯、崖、睚皆同源詞也。見前「崖」字注。

厜 zī　　厜㕒，山顛也。从厂，垂聲。〔姊宜切〕

【注釋】

厜㕒即嵯峨也，山高峻貌。

段注：「顛者，頂也。俗造巔字，《唐風》作首陽之巔，謬甚。《釋山》曰：崒者厜㕒。又作厜㕒，又作崔嵬。許書釋崔嵬曰山皃，釋厜㕒曰山頂，不曰同字也。」

㕒 wēi　　厜㕒也。从厂，義聲。〔魚為切〕

厰 yín　　崟也。一曰：地名。从厂，敢聲。〔魚音切〕

【注釋】

嚴從此聲。

厬 guǐ　　仄出泉也。从厂，晷聲。讀若軌。〔居洧切〕

【注釋】

今氿泉之本字也。《說文》:「氿，水厓枯土也。」非本字明矣。

段注：「按今《爾雅》：水醮曰厬，仄出泉曰氿。許書：仄出泉曰厬，水厓枯土曰氿。與今《爾雅》正互易，依《毛詩》：有洌氿泉，似今《爾雅》不誤也。」

厎 dǐ（砥）　　柔石也。从厂，氐聲。〔職雉切〕 砥，或从石。

【注釋】

今通行重文砥，本義是質地很細的磨刀石。今有「坦蕩如砥」。引申出磨義，如「繕甲砥兵」。引申出磨煉義，如「砥礪品行」，引申出平坦義，「砥原」謂平原也。

段注：「柔石，石之精細者。鄭注《禹貢》曰：厲，摩刀刃石也，精者曰砥。按厎者，砥之正字。後人乃謂砥為正字，厎與砥異用，強為分別之過也。厎之引申之義為致也、至也、平也，今字用砥而厎之本義廢矣，《毛詩・大東》：周道如砥，《孟子》作厎。」

厥jué　　發石也。从厂，欮聲。〔俱月切〕

【注釋】

發石者，發掘石頭。此挖撅之本字也。《山海經》：「禹厥之三仞。」正用本義。常用義其也，乃也，就也，《史記》：「左丘失明，厥有《國語》。」今有暈倒義，如「昏厥」「痰厥」。

段注：「若《釋言》曰：厥，其也。此假借也，假借盛行而本義廢矣。」

厲lì　　旱石也。从厂，蠆省聲。〔力制切〕或不省。

【注釋】

今簡化字厉乃類推俗字。本義是粗硬的磨刀石。後加石作礪。

引申磨也，今有「厲兵秣馬」。引申為磨煉義，「砥礪」本義是兩種磨刀石，引申出磨煉義。引申為勉勵義、激勵義，後作「勵」。又嚴也，如「聲色俱厲」「厲行節約」，今有「嚴厲」。又劇烈、兇猛義，「厲風」謂劇風也。又害也，今有「厲害」，《詩經》：「降此大厲。」

段注：「旱石者，剛於柔石者也。《禹貢》：厲砥砮丹。《大雅》：取厲取鍛。引申之義為作也，見《釋詁》。又危也，見《大雅・民勞》傳。又烈也，見《招魂》王注。俗以義異，異其形。凡砥厲字作礪，勸勉字作勵，惟嚴厲字作厲，而古引申假借之法隱矣。

凡經傳中有訓為惡、訓為病、訓為鬼者，謂厲即癘之假借也。訓為遮列者，謂厲即迾之假借也，《周禮》之『厲禁』是也。有訓為涉水者，謂厲即濿之假借，如《詩》『深則厲』是也。有訓為帶之垂者，如《都人士》『垂帶而厲』，傳謂厲即烈之假借也。烈，餘也。」

又段注：「按《說文》萬與萬（蠆）篆形絕異，厲从萬省聲則字當作厲。而隸體萬作蠆，厲作厲，皆从萬，非也。後人以隸改篆，則又篆皆从萬矣。漢隸存者，作萬、作厲可考也。漢人隸多作厲不省。」

鵬按：段注揭示了《說文》的一些小篆字形是根據隸書字形回改的，無怪乎《說文》小篆字形結構跟隸書結構如此契合。如此，則隸書來源於小篆的傳統觀點或可質疑；《說文》小篆與秦小篆當有一定的差別；隸書的源頭可能是多元的。

厱 lán　　厱諸，治玉石也。从厂，僉聲。讀若藍。〔魯甘切〕

【注釋】

厱諸，磨玉的青石。

段注：「《淮南・說山訓》：待礛諸而成器。高注曰：礛諸，攻玉之石。礛即厱字也。《廣韻》曰：礛磻，青礪。」

厤 lì　　治也。从厂，秝聲。〔郎擊切〕

【注釋】

曆、歷均從此聲。

厞 xǐ　　石利也。从厂，異聲。讀若枲。〔胥里切〕

【注釋】

今「犀利」之本字也。犀之本義是犀牛，非本字明矣。

段注：「今俗刀兵利為犀，犀與厞雙聲，假借石利之義，引申之，凡利皆曰厞。」

厓 hù　　美石也。从厂，古聲。〔侯古切〕

厗 tí　　唐厗，石也。从厂，屖省聲。〔杜兮切〕

【注釋】

同「磄厗」「鎕銻」，古稱火齊、火齊珠。顏色似金，形狀像雲母的一種礦物。

段注：「唐厗雙聲字，石名也。《廣韻・齊韻》《唐韻》皆作磄厗。又曰：鎕銻，火齊也。《玉篇》曰：厗，古銻字。」

厃 lā　　石聲也。从厂，立聲。〔盧荅切〕

【注釋】

段注：「謂石崩之聲。《吳都賦》曰：拉攡雷硍，崩巒弛岑。拉即厃字也。《玉篇》曰：厃亦拉字。拉者，折也。柆，木折也。」

厄 yì　　石地惡也。从厂，兒聲。〔五歷切〕

【注釋】

兒有日母、疑母二讀。日母三等部分來自上古疑母齶化。

厰 qín　　石地也。从厂，金聲。讀若紟。〔巨今切〕

甫 fū　　石閒見。从厂，甫聲。讀若敷。〔芳無切〕

【注釋】

石頭的紋理露出。「逋峭」之本字也。

段注：「甫，《史》假逋字為之。《魏書》《北史・溫子升傳》皆云：子升詣梁客館，不修容止。謂人曰：詩章易作，逋峭難為。字當作甫，《廣韻》引《字林》云：峬峭，好形皃也。峬即甫之隸變。凡字書因時而作，故《說文》甫，《字林》作峬。近世波俏之語，又音字之遷移也。」

厝 cuó / cù　　厲石也。从厂，昔聲。《詩》曰：他山之石，可以為厝。〔倉各切〕，又〔七互切〕

【注釋】

本義是磨刀石。

該義典籍常假借「錯」字，今《詩經》作「可以為錯」。又有放置安排義，通「措」，如「厝火積薪」。引申安葬義，潘岳《寡婦賦》：「將遷神而安厝。」今一般指把棺材停放待葬或淺埋以待改葬，如「山妻在殯，便欲權厝」。

段注：「按許書厝與措、錯義皆別，而古多通用，如『抱火厝之積薪之下』，假厝為措也。」

厖 máng　　石大也。从厂，尨聲。〔莫江切〕

【注釋】

本義是石頭大。

從尨之字多有雜亂義，尨是多毛狗，引申為雜亂義，如牻（白黑雜毛牛），厖從尨，訓石大者，尨當是龍之假借，從龍之字多有大義，此為借音分化式也，也叫造字時声旁有假借。尨通龐，高大也，《黔之驢》：「虎見之，尨然大物也。」

段注：「石大其本義也，引申之為凡大之稱。《釋詁》曰：厖，大也。《左傳》：民生敦厖，《周語》：敦厖純固，是也。又引申之為厚也，《商頌》『為下國駿厖』毛傳是也。或假此厖為尨雜字，《荀卿》引《商頌》厖作蒙。」

屵 yuè　　岸上見也。从厂，从之省。讀若躍。〔以灼切〕

㕞 xiá　　辟也。从厂，夾聲。〔胡甲切〕

【注釋】

今作為「狹」之異體。「㕞㕞」，角落也。

仄 zè　　側傾也。从人在厂下。〔阻力切〕　籀文，从夨，夨亦聲。

【注釋】

側傾，同義連文，傾斜也。側、仄一聲之轉。

仄有傾斜義，引申有狹窄義，《廣雅》：「仄，狹也。」側亦有此二義，同步引申也。「反仄」猶反側也，今有「輾轉反側」。《漢書》：「崑山之仄。」猶崑山之側也。

「仄陋」謂卑賤、低賤，猶「側陋」也，《尚書》：「明明揚側陋。」仄有心裏不安義，如「歉仄」。段注：「古與側昃字相假借。」

辟 pì　　仄也。从厂，辟聲。〔普擊切〕

【注釋】

此「邪僻」「怪僻」之本字也。《說文》：「僻，避也。」非本字明矣。

段注：「仄俗本訛作反，今依《篇》《韻》正。今人言偪仄，乃當作辟仄。」

厞 fèi　　隱也。从厂，非聲。〔扶沸切〕

【注釋】

本義是屋角隱蔽之處。《爾雅》：「厞，隱也。」

厭 yā / yàn（厌）　　笮也。从厂，猒聲。一曰：合也。〔於輒切〕，又〔一琰切〕

【注釋】

笮者，覆壓也。此壓之本字。今簡化字作厌，省旁俗字也。

徐灝《說文解字注箋》:「猒者,猒飫本字,引申為猒足猒惡之義,俗義厭為厭惡,另製饜飫、饜足,又从厭加土為覆壓字。」見前「猒」字注。

常用義是吃飽,《韓非子》:「服文采,帶利劍,厭飲食。」飽則滿足,《左傳》:「姜氏何厭之有?」今有「貪得無厭」「兵不厭詐」;滿足則厭煩、嫌棄,今有「山不厭高,水不厭深」。

段注:「《竹部》曰:笮者,迫也。此義今人字作壓,乃古今字之殊。按厭之本義笮也、合也,與壓義尚近,於猒飽也義則遠。而各書皆假厭為猒足、猒憎字,猒足、猒憎失其正字,而厭之本義罕知之矣。」

产 wěi　仰也。从人在厂上。一曰:屋梠也。秦謂之桷,齊謂之产。〔魚毀切〕

文二十七　重四

丸部

丸 wán　圜,傾側而轉者。从反仄。凡丸之屬皆从丸。〔胡官切〕

【注釋】

「丸丸」謂高大挺直貌,《詩經》:「松柏丸丸。」丸有卵義,「鳳丸」即鳳卵也。「睪丸」,方言或謂之蛋卵、蛋子。段注:「今丸藥其一端也。」

𡯷 wěi　鷙鳥食已,吐其皮毛如丸。从丸,咼聲。讀若骫。〔於跪切〕

【注釋】

今《孟子》「委而去之」之本字也。委有放棄、婉轉義,本字當作𡯷。本陸宗達先生說。

段注:「玉裁昔宰巫山縣,親見鴟鳥所吐皮毛如丸。」由於經常吃老鼠和小型鳥類,貓頭鷹就通過反芻的方式把不能消化的羽毛骨頭凝成小球吐出來。

𦓎 nuò　丸之孰也。从丸,而聲。〔奴禾切〕

【注釋】

而聲,聲兼義。胹謂烹熟也。

姰 fàn　闕。〔芳萬切〕

文四

危部

危 wēi　在高而懼也。从产，自卪止之。凡危之屬皆从危。〔魚為切〕

【注釋】

本義是在高處而憂慮恐懼，引申出二常用義：一是高也，李白詩：「危樓高百尺。」二是恐懼憂慮，今有「人人自危」。憂慮恐懼則正，引申出端正義，今有「正襟危坐」。危、險二字古有別，上古表示「危險」的意義，用危不用險；險表示地勢險要或路難走，如「化險為夷」。

危有屋脊義，實乃高之引申也。《史記》：「上屋騎危。」本字當是产，《說文》：「产，一曰：屋梠也。」則产實乃危高之初文也，從人在厂上，則高矣。段注：「引申為凡可懼之稱。《喪大記》注：危，棟上也。」

鮁 qī　鮁嘔也。从危，支聲。〔去其切〕

【注釋】

鮁嘔，即今之崎嶇。攲，傾斜也，如「攲斜偃蹇」謂傾斜歪曲。「攲側」謂傾斜。本字當作鮁。《說文》：「攲，持去也。」本義是持箸取物，非本字明矣。

段注：「鮁為不正，故箸之訓曰飯鮁，言鮁衺之以入飯於口中也。宥坐之器曰鮁器，虛則鮁，中則正，滿則覆也。今俗作攲，又訛欹，去之遠矣。《周禮》：奇衺之民。注曰：奇衺，譎觚非常。《周禮》之奇，正鮁之假借字。」

文二

石部

石 shí　山石也。在厂之下，口象形。凡石之屬皆从石。〔常隻切〕

【注釋】

山上的石頭。引申為治病用的石針，今有「針石」。「二千石」之辨，見「祏」字注。段注：「或借為碩大字，或借為祏字。祏，百二十斤也。」

磺 kuàng（礦）　銅鐵樸石也。从石，黃聲。讀若穬。〔古猛切〕卝古文磺，《周禮》有卝人。

【注釋】

今作礦字，簡化作矿。樸，未加工的木頭。銅鐵樸石者，沒有加工的含銅鐵之石頭。古文作「卝」或「丱」，「卝」「丱」又為「卵」之俗字，見「卵」字注。又為《詩經》「總角丱兮」之俗字，見前「髦」字注。

段注：「《禮》：卝人掌金玉錫石之地，而為之厲禁以守之。注云：卝之言礦也，金玉未成器曰礦。未成器，謂未成金玉。」

碭 dàng　文石也。从石，昜聲。〔徒浪切〕

【注釋】

砀乃草書楷化俗字。

文者，花紋也。帶花紋的石頭，今安徽有碭山，《漢書・地理志》：「碭山出文石。」因以為山名。秦朝之碭郡，取山之名也。常用為大石頭，如「芒碭」謂山石大而多。引申出廣大義，如「玄玄至碭」，謂天最大也。玄玄，天也。從昜之字多有大義，見前「簜」字注。

段注：「《地理志》：梁國碭縣，山出文石。應劭云：碭山在東。師古云：山出文石，故以名縣也。按以碭名山，又以碭名縣，本為文石之名。」梁國是漢朝的一個諸侯國，在今河南開封、商丘一帶。西漢賈誼曾為梁王太傅。

碝 ruǎn　石次玉者。从石，耎聲。〔而沇切〕

【注釋】

像玉的美石，如「碝石碔砆」。段注：「《子虛賦》：碝石武夫。張揖曰：皆石之次玉者，碝石白如冰半，有赤色。」

砮 nú　石，可以為矢鏃。从石，奴聲。《夏書》曰：梁州貢砮丹。《春秋國語》曰：肅慎氏貢楛矢石砮。〔乃都切〕

【注釋】

連篆為讀。砮石謂可以做箭頭的石頭，又謂石製箭頭。弩、砮，同源詞也。

段注：「砮石之名，淺人以為複字，刪之則不完。砮，矢鏃之石也。按砮本石名，韋昭注石砮云：『砮，鏃也，以石為之。』乃少誤。」

礜 yù　　毒石也，出漢中。从石，與聲。〔羊茹切〕

【注釋】

礜石，礦物，是制砷和亞砷酸的原料，煅成末，可用來毒老鼠。

段注：「礜石，石名。《周禮》注曰：今醫方有五毒之藥。作之，合黃堥，置石膽、丹沙、雄黃、礜石、慈石其中，燒之三日三夜，其煙上箸，以雞羽埽取之。以注創，惡肉破，骨則盡出。《本艸經》曰：礜石，味辛有毒。《西山經》曰：礜可以毒鼠。」

碣 jié　　特立之石。東海有碣石山。从石，曷聲。〔渠列切〕古文。

【注釋】

特者，獨也。今有「獨特」「特立獨行」。從曷之字多有高義，如揭（高舉也）、趨（趌趨也，謂跳起怒走）、楬（楬桀也）、馤（禾舉出苗也）、竭（負舉也）等。

圓頂的碑石也謂之碣，如「殘碑斷碣」。碑、碣有別，碑是方板，碣是圓柱。碣石山的主峰頂尖呈圓柱形，遠望如碣，故名，曹操所登者也。

磏 lián　　厲石也。一曰：赤色。从石，兼聲。讀若鎌。〔力鹽切〕

【注釋】

小徐本「厲」作「礪」。小徐多俗字。段注：「與厱音義略同。《廣韻》曰：磏，赤礪石也。磏䃴，青礪也。」

碬 xiá　　厲石也。从石，叚聲。《春秋傳》曰：鄭公孫碬，字子石。〔乎加切〕

礫 lì　　小石也。从石，樂聲。〔郎擊切〕

【注釋】

今有砂礫、瓦礫。小石謂之礫，米粒謂之粒，雨滴謂之瀝，蘼蕪謂之蘺（小葉子菜），同源詞也。

砮 gǒng　水邊石。从石，巩聲。《春秋傳》曰：闕砮之甲。〔居竦切〕

磧 qì　水陼有石者。从石，責聲。〔七跡切〕

【注釋】

陼者，渚也。磧謂淺水中的沙石。

今有「沙磧」，謂沙漠也，不生草木的沙石地。磧可指沙漠，王維《出塞作》：「暮雲空磧時驅馬，秋日平原好射雕。」時、好對文同義。時有善義，善即好也。「時驅馬」謂便於騎馬也。

段注：「《三蒼》曰：磧，水中沙堆也。《吳都賦》劉注曰：磧礫，淺水見沙石之皃。」

碑 bēi　豎石也。从石，卑聲。〔府眉切〕

【注釋】

碑又叫神道碑，是立在外面的，多為長方體的石板。墓誌是埋在墳墓裏面的，多為正方形石板。刻碑為紀功頌德，故「口碑」指眾人口頭的頌揚，今有「有口皆碑」。又泛指評論，「口碑差」「譽滿口碑」。

王筠《句讀》：「古碑有三用：宮中之碑，識日景也；廟中之碑，以麗牲也；墓所之碑，以下棺也。秦之紀功德也，曰立石，曰刻石。其言碑者，漢以後之語也。」

段注：「《聘禮》鄭注曰：宮必有碑，所以識日景，引陰陽也。秦人但曰刻石，不曰碑，後此凡刻石皆曰碑矣。凡刻石必先立石，故知豎石者碑之本義，宮廟識日影者是。」

磙 zhuì　陊也。从石，豖聲。〔徒對切〕

【注釋】

陊，墮也。此今墜字初文。《說文》原無墜字，徐鉉新附之。《說文》：「隊，从高隊也。」

段注：「隊、墜正俗字，古書多作隊，今則墜行而隊廢矣。大徐以墜附《土部》，非許意。」

隊，今簡化作队，乃現代群眾所造。本義是墜落，借為隊伍字，故加土作墜。故隊亦墜之初文也。段注：「磙與隊音義同。」碩、隕乃其比。

碩 yǔn　　落也。从石，員聲。《春秋傳》曰：碩石於宋，五。〔于敏切〕

【注釋】

段注：「碩與隕音義同。」磙、隊乃其比。《說文》：「隕，从高下也。」段注：「《釋詁》曰：隕，落也。毛傳曰：隕，隋也。隋即陊（墮）字。」

硰 suǒ　　碎石碩聲。从石，炙聲。〔所責切〕

硞 què　　石聲。从石，告聲。〔苦角切〕

【注釋】

謂水擊石聲。常「礐硞」連用，同義連文。搉謂敲擊，同源詞也。

硠 láng　　石聲。从石，良聲。〔魯當切〕

【注釋】

今「書聲朗朗」之本字也。《說文》：「朗，明也。」非本字明矣。

段注：「此篆各本作硠，从石，良聲，魯當切，今正。按今《子虛賦》：礧石相擊，硍硍磕磕。《史記》《文選》皆同，《漢書》且作『琅』。以音求義，則當為硍硍，而決非硠硠。」

礐 què　　石聲。从石，學省聲。〔胡角切〕

【注釋】

「礐硞」謂水擊石聲也。礐有山多大石義，引申有堅定義。

硈 qià　　石堅也。从石，吉聲。一曰：突也。〔格八切〕

【注釋】

從吉之字多有堅直義，見前「佶」「桔」字注。

磕 kài / kē　　石聲。从石，盍聲。〔口太切〕，又〔苦盍切〕

【注釋】

本義是石頭撞擊的聲音，常用義是碰撞，今有「磕磕碰碰」「磕頭」。

硻 kēng　　餘堅者。从石，堅省。〔口莖切〕

【注釋】

此《論語》「舍瑟鏗爾」之本字也。《說文》無鏗字，乃後起字。段注改作「餘堅也」。硻謂擊石的聲音，今作「硜」「硜」。「硜硜」，淺陋固執貌。

段注：「《論語》曰：鄙哉，硜硜乎。又云：硜硜然小人哉。其字皆當做硻硻，假借古文磬字耳。硜者，古文磬字也。鏗爾舍瑟，亦當為硻爾。」

磿 lì　　石聲也。从石，厤聲。〔郎擊切〕

【注釋】

段注：「《集韻》曰：礰即磿字。磿為石聲者，謂其聲歷歷然。《玉篇》曰：石小聲是也。」

磛 chán　　礹，石也。从石，斬聲。〔鉏銜切〕

【注釋】

《小雅》「漸漸之石」之本字也，高貌。

段注：「蓋磛礹古多用為連綿字，《上林賦》：嶄巖嵾嵳。郭云：皆峯嶺之皃。《小雅》：漸漸之石。傳曰：漸漸，山石高峻。此磛之假借字也。」

礹 yán　　石山也。从石，嚴聲。〔五銜切〕

【注釋】

常作為「巖」之異體。段注：「巖主謂山，故从山。礹主謂石，故从石。《詩》曰：維石嚴嚴。諸書多假巖為礹。」

磬 kè　　堅也。从石，㱿聲。〔楷革切〕

【注釋】

本義是堅硬。

确 què（確）　　磬石也。从石，角聲。〔胡角切〕 确，或从㱿。〔臣鉉等曰：今俗作確，非是。〕

【注釋】

本義是堅硬的石頭，「确犖」「犖确」表山多大石貌。引申為土地貧瘠，又作「埆」，常「磽确」連用，謂土地貧瘠也。

引申有堅固義，今有「確定不移」「確保豐收」。《漢書》：「確然有柱石之固。」引申有確定、確實，如「詳確」猶詳實也。引申較量，《漢書》：「李廣自負其能，數與虜確。」确今作為確之簡化字，《說文》無確字。

段注：「确即今之埆字，與《土部》之墧音義同。《丘中有麻》傳曰：丘中，磽埆之處也。磽埆，謂多石瘠薄。《犾部》曰：獄，确也。《召南》傳曰：獄，埆也。謂堅剛相訟，其引申之義也。今俗作確。」

磽 qiāo　　磐石也。从石，堯聲。〔口交切〕

【注釋】

「磽薄」「磽瘠」「磽確」「肥磽」皆謂土地貧瘠也。

段注：「磐也。與《土部》之墽音義同，墽下曰：磽也。《孟子》：地有肥磽。趙曰：磽，薄也。」

硪 é　　石岩也。从石，我聲。〔五何切〕

碞 yán（岩）　　磛碞也。从石、品。《周書》曰：畏於民碞。讀與岩同。〔臣鉉等曰：从品，與喦同意。〕〔五銜切〕

【注釋】

磛碞、磛礹，今巉岩也，高而險峻的山石。喦、碞，實一字之異體，今作岩，《說文》無岩字。段注：「磛碞猶上文之磛礹，積石高峻皃也。」

磬 qìng　　樂石也。从石、殸，象縣虡之形。殳，擊之也。古者毋句氏作磬。〔苦定切〕 殸 籀文省。 硜 古文，从巠。

【注釋】

古代打擊樂器，形狀像直角曲尺，用玉、石製成，可懸掛。

「磬折」謂彎腰也，表示謙恭。曹植《箜篌引》：「謙謙君子德，磬折欲何求？」古文即今硜字，硜今為磴之異體，擊石之聲也，古則為磬字，見上「硻」段注。

礙 ài（碍）　　止也。从石，疑聲。〔五溉切〕

【注釋】

今簡化漢字作碍，另造之俗字也。

硩 chè　　上摘岩空青、珊瑚墮之。从石，折聲。《周禮》有硩蔟氏。〔丑列切〕

碫 chàn　　以石扞繒也。从石，延聲。〔尺戰切〕

【注釋】

扞，展開也。用石具碾壓繒帛，使之平展有光澤。

碎 suì　　磨也。从石，卒聲。〔蘇對切〕

破 pò　　石碎也。从石，皮聲。〔普過切〕

【注釋】

本義是石頭碎。

段注：「引申為碎之稱。古有假破為坡者，如《衛風》傳云：泮，坡也。亦作陂，亦作破。」

礱 lóng　　磨也。从石，龍聲。天子之桷，椓而礱之。〔盧紅切〕

【注釋】

本義是磨，「礱琢」謂磨煉也。曹植《寶刀銘》：「造茲寶刀，既礱既礪。」今有「礱穀舂米」，謂磨也，工具磨亦謂之礱。段注：「謂以石磨物曰礱也，今俗謂磨穀取米曰礱。」

研 yán　　磨也。从石，幵聲。〔五堅切〕

【注釋】

本義是細細地磨。今有「研磨」，同義連文也。硯臺字最早寫作研，後作硯，得名於磨也。「研墨」謂細細地磨。引申之，深入探求謂之研，今有「研究」，同義連文也。

段注：「亦謂以石䃺物曰研也。《手部》曰：摩者，揅也；揅者，摩也。為轉注。此亦研與䃺為轉注。揅摩以手，故从手。研䃺以石，故从石。」

䃺 mó（磨）　石磑也。从石，靡聲。〔模臥切〕

【注釋】

後省作磨，《說文》無磨字。本義是石磨，引申為磨的動作。引申為阻礙、困難，今有「磨難」「好事多磨」。又有消失義，今有「消磨」「磨滅」「百世不磨」。

段注：「䃺今字省作磨，引申之義為研磨，俗乃分別其音。石磑則去聲，模臥切。研磨則平聲，莫婆切，其始則皆平聲耳。」

磑 wèi　磨也。从石，豈聲。古者公輸班作磑。〔五對切〕

【注釋】

本義是石磨。又作「碨」。

段注：「《廣韻》云：《世本》曰：公輸般作磑。班與般古通，是以《檀弓》作般，《孟子》注作班。」

碓 duì　舂也。从石，隹聲。〔都隊切〕

【注釋】

木、石做成的搗米器具，即杵。

或常作大錘子形，用腳踏驅動，落下時砸在石臼中，去掉稻穀的皮。「碓房」謂舂米的作坊。今河南農村仍有此物。搗杵謂之「碓碓頭」，臼謂之「碓碓牙」。碓，對也，乃杵臼相對合而成其事也。牙為窅之音轉，凹陷也，小坑謂之「窅窩」。

段注：「所以舂也。所以二字各本無，今補。舂者，搗粟也。杵臼所以舂，本斷木掘地為之，師其意者又皆以石為之，不用手而用足，謂之碓。桓譚《新論》：宓犧製杵臼之利，後世加巧，借身踐碓。按其又巧者，則水碓水磑。」

䃿 tà　舂已復搗之曰䃿。从石，沓聲。〔徒合切〕

【注釋】

沓，重複也。從沓之字多有重複義，如誻（譅誻也）、涾（涫溢也，今河朔方言謂沸溢為涾）。段注：「碆之言沓也，取重沓之意。《廣雅》：碆，舂也。」

磻 bō　　以石箸隿繳也。从石，番聲。〔博禾切〕

【注釋】

古代射鳥用的拴在絲繩上的石箭鏃。

段注：「以石箸於繳謂之磻。《戰國策》：被礛磻，引微繳，折清風而抎矣。」

又音 pán，磻溪，水名，姜子牙垂釣於此而遇周文王。丘處機撰《磻溪集》，居磻溪學道，故以此名書。

䃗 zhuó　　斫也。从石，箸聲。〔張略切〕

【注釋】

即钁頭，大鋤也。《說文》鋤字作「鉏」，該䃗即鉏之前身也，用石為工具當在用鐵之前。

段注：「斫者，其器所以斫地，因謂之斫也。《釋器》曰：斫謂之鐯。鐯字又作櫡，依許則當作䃗。郭云：钁也。《金部》：钁者，大鉏也。然則必以金為之，安得从石。蓋上古始為之用石，如砮、砭之類。或以其可斫地擫石，故从石歟？」

硯 yàn　　石滑也。从石，見聲。〔五甸切〕

【注釋】

常用義是硯臺。見前「研」字注。

段注：「謂石性滑利也。《江賦》曰：綠苔鬖髿乎研上。李注：研與硯同。按字之本義謂石滑不澀，今人研墨者曰硯，其引申之義也。」

砭 biān / biǎn　　以石刺病也。从石，乏聲。〔方彩切〕，又〔方驗切〕

【注釋】

本義是用石針治病，引申為刺或規勸，今有「針砭時弊」。

段注：「以石刺病曰砭，因之名其石曰砭石。《素問・異法方宜論》：東方其治宜砭石。王云：砭石，謂以石為針。按此篇以東方砭石，南方九針並論，知古金石並用也，後世乃無此石矣。」

碣 hé　石地惡也。从石，鬲聲。〔下革切〕

【注釋】

地多石而貧瘠。

砢 luǒ　磊砢也。从石，可聲。〔來可切〕

【注釋】

磊砢者，眾多貌，如「金鎰磊砢」。又高大貌，如「萬楹叢倚，磊砢相扶」。

磊 lěi　眾石也。从三石。〔落猥切〕

【注釋】

本義是石頭多，常「磊磊」連用。

「磊落」，落，明亮也，故「磊落」有光明正大義。引申為俊偉、壯大義，如「體磊落而壯麗」「群山磊落」。落猶絡也，有雜義，故「磊落」有多而雜亂貌，潘岳《閑居賦》:「磊落蔓延其側。」

文四十九　重五

礪 lì　磨也。从石，厲聲。經典通用厲。〔力制切〕

【注釋】

見「厲」字注。

碏 què　《左氏傳》：衛大夫石碏。《唐韻》云：敬也。从石，未詳。昔聲。〔七削切〕

【注釋】

本義是雜色的石頭。《左傳》有衛大夫石碏，大義滅親者。

磯 jī　大石激水也。从石，幾聲。〔居衣切〕

【注釋】

本義是水沖激岩石。常用義是突出江邊的岩石或小石山，如燕子磯、采石磯、城陵磯。從幾之字多有小義，如璣（珠不圓也）、嘰（小食也）、蟣（蝨子也）。

碌 lù　　**石貌。从石，彔聲。〔盧谷切〕**

【注釋】

本義是青色的石頭，「碌碌」，石多的樣子。今作繁忙義，如「忙碌」；又平庸義，如「庸碌」「碌碌無為」。「碌碌」又作車輪聲，象聲詞也，如「車聲碌碌」。

砧 zhēn　　**石柎也。从石，占聲。〔知林切〕**

【注釋】

本義是石板。今有「砧板」，或作「碪」。

砌 qì　　**階甃也。从石，切聲。〔千計切〕**

【注釋】

本義是臺階。李煜《虞美人》：「雕闌玉砌應猶在，只是朱顏改。」

礩 zhì　　**柱下石也。从石，質聲。〔之日切〕**

【注釋】

本義是用來墊柱子的石墩子，與礎為一物。古代武舉測試要舉石礩子。

礎 chǔ（础）　　**礩也。从石，楚聲。〔創舉切〕**

【注釋】

础乃另造之俗字。本義是墊在柱子下面的石頭，又叫「柱礎」。俗語有「月暈而風，礎潤而雨」，柱子下面的石頭如果潮濕了就會下雨。「基礎」者，基為房子的地基，泛指根基。

硾 zhuì　　**擣也。从石，垂聲。〔直類切〕**

【注釋】

本義是擣。又指繫以重物使之下沉，《玉篇》：「硾，鎮也。亦作縋。」

文九　新附

長部

長 cháng（长）　　久遠也。从兀，从匕。兀者，高遠意也，久則變化。亾聲。者，倒亡也。凡長之屬皆从長。〔臣鉉等曰：倒亡，不亡也，長久之義也。〕〔直良切〕古文長。亦古文長。

【注釋】

长為草書楷化字形。甲骨文作，象人長髮之形。余永梁《殷墟文字續考》：「實象人長髮貌，引申為長久。」久遠也，實為引申義。

引申出長官義，秦漢時萬戶以上的大縣長官為令，萬戶以下的小縣長官為長，合稱「令長」。長則多，「長物」謂多餘的東西，今有「身無長物」，謂除自身外無多餘的東西，形容貧窮。

段注：「引申之為滋長、長幼之長，今音知丈切。又為多餘之長，度長之長，皆今音直亮切。『兄』下曰：長也。是滋長、長幼之長也。」

肆 sì（肆）　　極陳也。从長，隶聲。〔息利切〕或从髟。

【注釋】

隸變作肆。

肆有陳列、極盡二常用義，《詩經》：「肆筵設席。」陳設也。古時處死刑後陳屍於市也謂之肆。「民肆力於農事」，謂盡力也。今「放肆」者，亦極盡之引申也。又有店鋪義，如「勾欄瓦肆」。

镾 mí（瓕）　　久長也。从長，爾聲。〔武夷切〕

【注釋】

本義是長久，《小爾雅》：「瓕，久也。」今「曠日瓕久」，保留本義。常用義是滿、更加，如「瓕天大謊」「欲蓋瓕彰」。今有「瓕留」者，瓕，終也。《爾雅》：「瓕，終也。」

镻 dié　　蛇惡毒長也。从長，失聲。〔徒結切〕

文四　重三

勿部

勿 wù　　州里所建旗。象其柄，有三游。雜帛，幅半異。所以趣民，故遽稱勿勿。凡勿之屬皆从勿。〔文弗切〕勿，或从㫃。

【注釋】

「物」有雜色的旗幟義，本字當作勿。

《周禮》:「日月為常，旃龍為旂，通帛為旜，雜帛為物。」《釋名》:「雜帛為物，以雜色綴其邊為燕尾，將帥所建，象物雜色也。」勿作為否定副詞，後面動詞一般不出現賓語，毋則出現。

段注:「經傳多作物，而假借勿為毋字。亦有借為『沒』字者，《禮記》：勿勿乎其欲其饗之。勿勿即沒沒，猶勉勉也。凡宂遽稱勿勿，此引申假借。經傳多作物，蓋㫃之訛字。」

昜 yáng　　開也。从日、一、勿。一曰：飛揚。一曰：長也。一曰：強者眾貌。〔與章切〕

【注釋】

此陽之初文也，開者，光明也。今人取名「開陽」二字者甚多，陽者，開也。北斗七星之一有開陽星。

段注:「此陰陽正字也。陰陽行而侌昜廢矣。闢戶謂之乾，故曰開也。」

文二　重一

冄部

冄 rǎn（冉）　　毛冄冄也。象形。凡冄之屬皆从冄。〔而琰切〕

【注釋】

今隸變作冉。冉冉者，下垂貌也。髯，聲兼義也，長則易下垂。「冉冉」，今有慢慢義，如「冉冉升起」。

段注:「冄冄者，柔弱下垂之皃。《須部》之髯，取下垂意。《女部》之姌，取弱意。《離騷》: 老冄冄其將至。此借冄冄為冘冘。《詩》: 荏染柔木。傳曰：荏染，柔意也。染即冄之假借。凡言冄、言姌皆謂弱。」

文一

而部

而 ér（髵）　　頰毛也。象毛之形。《周禮》曰：作其鱗之而。凡而之屬皆从而。〔臣鉉等曰：今俗別作髵，非是。〕〔如之切〕

【注釋】

本義是面頰上的毛髮，即鬍鬚。

借為虛詞，加髟作髵。而者，如也，一聲之轉也。故而有如果義，《左傳》：「子產而死，誰其嗣之？」有像似義，《荀子》：「奄然而雷擊之，如牆壓之。」皆如之音轉也。

段注：「蓋而為口上口下之總名，分之則口上為髭，口下為須。須本頤下之專稱，髭與承漿與頰髯皆得稱須。引申假借之為語詞，或在發端，或在句中，或在句末。或可釋為然，或可釋為如，或可釋為汝。或釋為能者，古音能與而同，叚而為能，亦叚耐為能。」

「之而」謂鬚毛。後人詩文中多用以形容鬚毛狀的東西或指雕刻的鳥、獸、龍等的鬚毛耆鬣。《周禮·考工記·梓人》：「深其爪，出其目，作其鱗之而。」戴震補注：「鱗屬頰側上出者曰之，下垂者曰而，鬚鬣屬也。」王引之《經義述聞·周官下》：「而，頰毛也。之，猶與也。作其鱗之而，謂起其鱗與頰毛也……然則之為語詞，非實義所在矣。」與戴說不同。

耏 nài（耐）　　罪不至髡也。从而，从彡。〔奴代切〕或从寸，諸法度字从寸。

【注釋】

今通行重文耐。耐的本義是一種刑罰，即剃掉鬍鬚。髡，剃髮也。罪行不至於剃掉頭髮僅剃掉鬍鬚。

段注：「按耐之罪輕於髡。髡者，鬄髮也。不鬄其髮，僅去鬚鬢，是曰耐，亦曰完。謂之完者，言完其髮也。《刑法志》曰：當髡者完為城旦舂。王粲詩：許歷為完士，一言猶敗秦。江遂曰：《漢令》謂完而不髡曰耐。耐，漢人假為能字，本如之切，後變音奴代切，古音能讀如而，今音耐、能皆奴代切。」

文二 重一

豕部

豕 shǐ　　彘也。竭其尾，故謂之豕。象毛足而後有尾。讀與豨同。按：今世字誤以豕為彘，以彘為豕。何以明之？為啄琢从豕，蠡从彘，皆取其聲，以是明之。〔臣鉉等曰：此語未詳，或後人所加。〕凡豕之屬皆从豕。〔式視切〕古文。

【注釋】

分而言之，豕、彘為大豬，豬、豚為小豬。古者豬圈、廁所一體，故「豕牢」謂豬圈，又謂廁所。人彘戚夫人被封為「廁神」。

豬 zhū（猪）　　豕而三毛叢居者。从豕，者聲。〔陟魚切〕

【注釋】

三毛叢居者，一孔生三毛也。今作猪，俗字也。

段注：「三毛叢居，謂一孔生三毛也。說見蘇頌《本艸圖經》犀下，今之豕皆然。」

豰 bó　　小豚也。从豕，殼聲。〔步角切〕

【注釋】

段注：「《左傳》晉有先豰，字彘子，蓋豰即豰字。《釋獸》曰：貔，白狐，其子豰。異物而同名也。」

古人名字之間有聯繫，豰是有皺紋的薄紗，故本字當是豰。

豯 xī　　生三月豚，腹豯豯皃也。从豕，奚聲。〔胡雞切〕

【注釋】

小豬也。奚聲，聲兼義也。從奚之字多有小義。見「蹊」「溪」「鼷」字注。

段注：「奚奚，各本作豯豯，今正。《大部》曰：奚，大腹也。以疊韻為訓。《方言》曰：豬，其子或謂之豯。」

豵 zōng　　生六月豚。從豕，從聲。一曰：一歲豵，尚叢聚也。〔子紅切〕

【注釋】

小豬也，也指公豬。亦泛指小獸，如「壹發五豵」。又指一胎生三子的豬，《釋獸》：「豕生三，豵。」

段注：「《召南》傳、《豳》傳、《大司馬職》先鄭注皆云：一歲曰豵。」與許異，許意豬生六個月叫豵。

豝 bā　牝豕也。从豕，巴聲。一曰：一歲，能相把拏也。《詩》曰：一發五豝。〔伯加切〕

【注釋】

母豬也。

豜 jiān　三歲豕，肩相及者。从豕，幵聲。《詩》曰：並驅從兩豜兮。〔古賢切〕

【注釋】

段注：「《齊風・還》曰：並驅從兩肩兮。傳云：獸三歲曰肩。《豳・七月》：獻豜於公。傳曰：三歲曰豜。豜、肩一物，豜本字，肩假借也。《大司馬》先鄭注云：四歲為肩。」

豶 fén　羠豕也。从豕，賁聲。〔符分切〕

【注釋】

閹過的豬。

段注：「羠，騬羊也。騬，犗馬也。犗，騬牛也。皆去勢之謂也。或謂之劇，亦謂之犍，許書無此二字。《周易・大畜》六五：豶豕之牙。虞翻曰：劇豕稱豶。今俗本劇訛作劇。」

豭 jiā　牡豕也。从豕，叚聲。〔古牙切〕

【注釋】

公豬也。「艾豭」謂老公豬也，借指面首或漁色之徒。語出《左傳》南子與情夫宋朝之事，「既定爾婁豬，盍歸吾艾豭」。「豭豚」，或作豭肫，指小公豬，泛指公豬。

古人常佩豭豚形象之物，表示勇敢，子路是也。《方言》:「豬，北燕朝鮮之間謂之豭。」郭注:「猶云豭斗也。」豭是方言詞，非通語也。

豛 yì　上谷名豬豛。从豕，役省聲。〔營隻切〕

豨 wéi　豶也。从豕，隋聲。〔臣鉉等曰：當从隨省。〕〔以水切〕

豤 kěn（啃）　齧也。从豕，艮聲。〔康很切〕

【注釋】

今作啃，俗字也。墾字從此聲。

段注:「人之齧曰齦，字見《齒部》。豕之齧曰豤，音同而字異也。」

豷 yì　豕息也。从豕，壹聲。《春秋傳》曰：生敖及豷。〔許利切〕

豧 fū　豕息也。从豕，甫聲。〔芳無切〕

豢 huàn　以穀圈養豕也。从豕，𠔉聲。〔胡慣切〕

【注釋】

豢者，養也。「芻豢」謂人圈養的牛羊豬狗等牲畜。《莊子》:「民食芻豢，麋鹿食薦。」

段注:「圈養者，圈而養之。圈、豢疊韻，《樂記》注曰：以穀食犬豕曰豢。《月令》注曰：養牛羊曰芻，犬豕曰豢。」

豠 chú　豕屬。从豕，且聲。〔疾余切〕

【注釋】

豬一類的動物。段注:「凡言屬者，類而別也，別而類也。《廣雅》曰：豠，豕也。」

豲 huán　逸也。从豕，原聲。《周書》曰：豲有爪而不敢以撅。讀若桓。〔胡官切〕

【注釋】

豪豬也。

豨 xī　　豕走豨豨。从豕，希聲。古有封豨修蛇之害。〔虛豈切〕

【注釋】

豨，大豬也。封，大也。修，長也。封豨修蛇，謂大豬長蛇也，二物貪婪殘暴，後比喻貪暴者、侵略者。漢人有陳豨。

段注：「豨豨，走皃。以其走皃名之曰豨。《方言》：豬，北燕朝鮮之間謂之豭，關東西謂之彘，或謂之豕，南楚謂之豨。許說其本義，故次於此，《方言》說其引申之義也。」

豖 chù　　豕絆足行豖豖。从豕繫二足。〔丑六切〕

【注釋】

豖豖，難行貌。今啄、琢、涿從此聲。段注：「豖豖，艱行之皃。」

豦 jù　　鬥相丮不解也。从豕、虍。豕虍之鬥，不解也。讀若蘮蒘草之蘮。司馬相如說：豦，封豕之屬。一曰：虎兩足舉。〔強魚切〕

【注釋】

丮，打鬥也。今劇、遽表劇烈、快速義，豦聲兼義也。

豙 yì　　豕怒毛豎。一曰：殘艾也。从豕、辛。〔臣鉉等曰：从辛，未詳。〕〔魚既切〕

【注釋】

毅從此聲，聲兼義也。

豩 bīn / huān　　二豕也。豳从此。闕。〔伯貧切〕，又〔呼關切〕

【注釋】

豳從此聲，《詩經》有豳風。

文二十二　重一

希部

希 yì　　修豪獸。一曰：河內名豕也。从彑，下象毛足。凡希之屬皆从希。讀若弟。〔羊至切〕籒文。古文。

【注釋】

修，長也。豪，毛也。

段注：「周秦之文，攸訓為長，其後乃叚修為攸而訓為長矣。豪，豕鬣如筆管者，因之凡髦鬣皆曰豪。」

䝏 hū　　豕屬。从希，㫚聲。〔呼骨切〕

㒃 háo（豪、毫）　　豕，鬣如筆管者，出南郡。从希，高聲。〔乎刀切〕籒文，从豕。〔臣鉉等曰：今俗別作毫，非是。〕

【注釋】

連篆為讀。今通行籒文豪。本義是豪豬，豪豬身上的長鬣亦謂之豪。雄傑謂之豪，強橫也謂之豪，如「豪強」。

段注：「按本是豕名，因其鬣如筆管，遂以名其鬣。凡言豪俊、豪毛，又皆引申之義也，俗乃別豪俊字从豕，豪毛字从毛。」

彙 wèi（匯、汇，猬、蝟）　　蟲，似豪豬者。从希，胃省聲。〔于貴切〕或从虫。

【注釋】

連篆為讀。即今之刺猬也，今河南方言仍讀作刺 huì，今通行俗字猬。

彙、猬後分別異用，猬，音 wèi。彙，音 huì，為聚集、聚合義，如詞彙、總彙，與匯成了異體字，但義項稍有差異。在匯聚意義上，彙、匯可通，但外匯、匯款不能用彙。今二字簡化皆作汇，乃匯之省旁俗字也。

彙常用有同類義，彙即類也，揚雄《太玄》：「物繼其彙。」彙有繁茂義，薈、彙同源詞也。《漢書》：「柯葉彙而靈茂。」「彙蔚」，繁茂也。

段注：「《釋獸》曰：彙，毛刺。其字俗作蝟，作猬。《周易》：拔茅茹以其彙。王弼云：類也。以為會之叚借也。」

今有「拔茅連茹」，語本《周易》。茹，植物根部互相牽連的樣子。比喻互相推薦，用一個人就連帶引進許多人。

𢑚 sì　　**𢑚屬。从二𢑚。〔息利切〕 古文𢑚。《虞書》曰：𢑚類於上帝。**

【注釋】

段注：「許所據蓋壁中古文也。伏生《尚書》及孔安國以今文讀定之《古文尚書》皆作肆，太史公《史記》作遂。然則漢人釋肆為遂，即《爾雅》之『肆，故也』。壁中文作𢑚，乃肆之假借字也。此引書說叚借。」

文五　重五

彑部

彑 jì　　**豕之頭。象其銳，而上見也。凡彑之屬皆从彑。讀若罽。〔居例切〕**

彘 zhì　　**豕也，後蹄廢謂之彘。从彑，矢聲。从二匕，彘足與鹿足同。〔直例切〕**

【注釋】

漢武帝劉徹小名彘兒，徹，通也。豬是有靈性的動物。

彖 chǐ　　**豕也。从彑，从豕。讀若弛。〔式視切〕**

𧰲 xiá　　**豕也。从彑，下象其足。讀若瑕。〔乎加切〕**

彖 tuàn　　**豕走也。从彑，从豕省。〔通貫切〕**

【注釋】

《周易》彖辭有上彖、下彖。緣、椽、褖從此聲。彖是論斷、推斷義，如「彖吉凶」。

段注：「《周易》卦辭謂之彖，爻辭謂之象。古人用彖字必係叚借，而今失其說。劉瓛曰：彖者，斷也。」

文五

㣇部

㣇 tún（豚）　小豕也。从彖省，象形。从又持肉，以給祠祀。凡豚之屬皆从豚。〔徒魂切〕 篆文，从肉、豕。

【注釋】

今通行小篆豚。本義是小豬，謙稱自己的兒子為豚兒，猶言犬子也。段注：「《方言》：豬，其子或謂之豚，或謂之貕。」

䝐 wèi　豚屬。从㣇，衛聲。讀若罽。〔于歲切〕

文二　重一

豸部

豸 zhì　獸長脊，行豸豸然，欲有所司殺形。凡豸之屬皆从豸。〔池爾切〕司殺讀若伺候之伺。

【注釋】

豸豸，伸直腰背貌。豸象獸曲脊欲捕殺形，故猛獸字皆從此。古有「蟲豸」，泛指一切蟲，有足謂之蟲，無足謂之豸。《阿 Q 正傳》裏阿 Q 說：「我是蟲豸。」

常用有解決義，《方言》：「豸，解也。」《左傳》：「余將老，使郤子逞其志，庶有豸乎。」「庶有豸乎」猶今言差不多搞定了。騭有定義，同源詞也。《爾雅》：「質，成也。」成，定也。《論語》：「春服既成。」皆同源詞也。

段注：「豸豸然，長皃。《釋蟲》曰：有足謂之蟲，無足謂之豸。按凡無足之蟲體多長，如蛇蚓之類，正長脊義之引申也。古多叚豸為解廌之廌，以二字古同音也。廌與解古音同部，是以廌訓解。《方言》曰：廌，解也。《左傳》：庶有豸乎。《釋文》作廌，引《方言》：廌，解也。」

豹 bào　似虎，圜文。从豸，勺聲。〔北教切〕

【注釋】

「豹變」謂像豹紋那樣發生顯著變化，幼豹長大退毛，然後其毛變得光澤有文采。比喻人行為變好或地位高升。《周易》：「君子豹變，小人革面。」

段注：「豹文圜。《易曰》：君子豹變，其文蔚也。豹，一名程。」今人有莫文蔚。

貙 chū　　貙獌，似貍者。从豸，區聲。〔敕俱切〕

【注釋】

又名獌，狼一類的動物。

貚 tán　　貙屬也。从豸，單聲。〔徒干切〕

貔 pí　　豹屬，出貉國。从豸，毘聲。《詩》曰：獻其貔皮。《周書》曰：如虎如貔。貔，猛獸。〔房脂切〕豼或从比。

【注釋】

貔貅，形似獅子，別稱「辟邪」「天祿」，是中國神話傳說中一種兇猛的瑞獸。雄性名為「貔」，雌性名為「貅」。在古時這種瑞獸是分一角或兩角的，一角稱為「天祿」，兩角稱為「辟邪」。又喻勇猛的軍士或軍隊，如「貔貅之士」。

「貔貅」連用常指獅子，貔單用指一種猛獸，似熊。名物字連用、單用所指非一也。

段注：「《大雅・韓奕》傳曰：貔，猛獸也。《尚書》某氏傳曰：貔，執夷，虎屬也。」

豺 chái　　狼屬，狗聲。从豸，才聲。〔士皆切〕

【注釋】

今有「骨瘦如柴」，本當作「骨瘦如豺」。宋陸佃《埤雅》：「瘦如柴。豺，柴也，豺體瘦，故謂之豺。」後訛變作「骨瘦如柴」者，這是一種形象化表述，柴比豺更常見。參楊琳先生《詞語生動化及其理論價值》。

段注：「《釋獸》曰：豺，狗足。許云狗聲，似許長。其聲如犬，俗呼豺狗。」

貐 yǔ　　猰貐，似貙，虎爪，食人，迅走。从豸，俞聲。〔以主切〕

【注釋】

猰貐，古代傳說一種吃人的猛獸。

段注：「貏，大徐作猰，《廣韻》引許作貏。無貏篆者，疑許本作契，無豸旁，後人加之。」見前「播」字注，章太炎有《一字重音說》。

貘 mò　似熊而黃黑色，出蜀中。从豸，莫聲。〔莫白切〕

【注釋】

或謂即大熊貓。今大熊貓仍偶有食鐵之習慣。

四川省的《北川縣志》把大熊貓稱之為「食鐵獸」，古籍中也多有記載。漢東方朔《神異經》:「南方有獸，名曰齧鐵。」晉郭璞注《爾雅・釋獸》，對大熊貓描述曰：「似熊，小頭，痹腳，黑白駁，能舐食銅鐵及竹骨。」明代袁牧《新齊諧初集》有更詳細的記述:「房縣有貘獸，好食銅鐵而不傷人，凡民間犁鋤刀斧之類，見則涎流，食之如腐。城門上所包鐵皮，盡為所啖。」

段注:「即諸書所謂食鐵之獸也。《爾雅》謂之白豹，《山海經》謂之猛豹，今四川川東有此獸。薪採攜鐵飯甑入山，每為所齧，其齒則奸民用為偽佛齒。字亦作貊，亦作狛。」

貗 yōng　猛獸也。从豸，庸聲。〔余封切〕

【注釋】

即犎牛也。一種野牛，背上肉突起，像駝峰。

段注:「貗似牛，領有肉堆，即犎牛也，即《爾雅》之犦牛也，字亦作㺎，亦作犝。」從庸之字多有大義，見前「顒」字注。

貜 jué　𧰼貜也。从豸，矍聲。〔王縛切〕

【注釋】

段注:「𧰼，《廣韻》引作豰，未知孰是。蓋合二字為獸名，與《犬部》玃字義別。」今作為「玃」之異體，馬猴也。

貀 nà　獸，無前足。从豸，出聲。《漢律》：能捕豺貀，購百錢。〔女滑切〕

貈 hé　似狐，善睡獸。从豸，舟聲。《論語》曰：狐貈之厚以居。〔臣鉉等曰：舟非聲，未詳。〕〔下各切〕

【注釋】

「一丘之貉」之本字也。

豻 àn（犴）　胡地野狗。从豸，干聲。〔五旰切〕 豻，或从犬。《詩》曰：宜犴宜獄。

【注釋】

今通行重文犴，野狗也。

二十八星宿有井木犴，四木禽星之一，大戰犀牛精，牛屬土性，木剋土。《水滸傳》有井木犴郝思文。「犴獄」者，古代鄉間的牢獄，泛指牢獄，亦作「岸獄」。「狴犴」則是一種野獸，乃龍生九子之一，古代牢獄門上繪其形狀，故又用為牢獄的代稱。

段注：「《毛詩》作岸，《釋文》曰：《韓詩》作犴，云：鄉亭之繫曰犴，朝廷曰獄。李善《文選》注亦引《韓詩》。按《毛詩》傳曰：岸，訟也。此謂岸為犴之假借也。獄从二犬，故犴與獄同意。」

貂 diāo　鼠屬，大而黃黑，出胡丁零國。从豸，召聲。〔都僚切〕

貉 mò　北方豸種。从豸，各聲。孔子曰：貉之為言惡也。〔莫白切〕

【注釋】

段注改作「北方貉，豸種」，云：「此與西方羌从羊，北方狄从犬，南方蠻从虫，東南閩越从虫，東方夷从大，參合觀之。鄭司農云：北方曰貉，曰狄。」

貆 huán　貉之類。从豸，亘聲。〔胡官切〕

【注釋】

本義是幼小的貉，《詩經·魏風·伐檀》：「不狩不獵，胡瞻爾庭有縣貆兮。」又指豪豬，《山海經》：「譙明之山有獸焉，其狀如貆而赤豪。」郭璞注：「貆，豪豬也。」

貍 lí（狸）　伏獸，似貙。从豸，里聲。〔里之切〕

【注釋】

今作狸字，即俗所謂野貓也，或叫山貓、狸子、豹貓。段注：「上文云貙似狸，此云狸似貙，言二物相似，即俗所謂野貓。」形體比貓大，河南方言音 liào 者，即此物。liào 為「狸子」之子變韻也。

河南民間俗傳，狸貓吃貓，乃貓之剋星，故家貓又被稱為「狸奴」。家貓見到狸貓後叫聲恐怖，狸貓會把家貓帶至水邊，逼著家貓拼命喝水直至撐死後被狸貓吃掉。古有「狸貓換太子」劇者，即此物也。

鵬按：上面狸奴之得名，乃俗詞源，不足信。「奴」是一種愛稱，如「青奴」「竹奴」謂竹子做的消暑器具；「桃奴」謂經冬不落的桃子；「木奴」謂果木；「橘奴」謂橘子；「花奴」謂貓等。

「埋—里—霾」諧聲，高本漢擬有複輔音 ml-。卯—劉，是其比。

貒 tuān　獸也。从豸，耑聲。讀若湍。〔他端切〕

貛 huān　野豕也。从豕，雚聲。〔呼官切〕

【注釋】

本義是野豬。又同「獾」，狗獾也，形如狗而足短，穴土而居，晝伏夜出。

貁 yòu　鼠屬，善旋。从豸，穴聲。〔余救切〕

【注釋】

古同「狖」，黑色的長臂猿。又指鼬鼠之類的動物，能捕鼠。

文二十　重二

貓 māo（猫）　狸屬。从豸，苗聲。〔莫交切〕

【注釋】

今作猫。

文一　新附

舄部

舄 sì（兕）　如野牛而青。象形，與禽、离頭同。凡兕之屬皆从兕。古文，从儿。〔徐姊切〕

【注釋】

今通行古文兕。兕即犀牛也，或說雌性犀牛。野牛，水牛也。「虎兕出柙」謂老虎、犀牛從籠子中逃脫，比喻惡人逃脫或做事不盡責，主管者應負責任。語出《論語》。

段注：「《釋獸》曰：兕，似牛。許云如野牛者，其義一也。野牛即今水牛，與黃牛別。古謂之野牛，《爾雅》云『似牛』者，似此也。郭注《山海經》曰：『犀似水牛，豬頭庳腳。兕亦似水牛，青色一角，重三千斤。』《考工記》：函人為甲，犀甲七屬，兕甲六屬。犀甲壽百年，兕甲壽二百年。」

文一　重一

易部

易 yì　　**蜥易，蝘蜓，守宮也。象形。秘書說：日月為易，象陰陽也。一曰：从勿。凡易之屬皆从易。**〔羊益切〕

【注釋】

本義是蜥蜴。俗稱變色龍，因會變色，故名易。

段注：「易本蜥易，語言假借而難易之義出焉。鄭氏贊《易》曰：易之為名也，一言而函三義：簡易一也，變易二也，不易三也。」詳見後「蜥」字注。

上古無「換」字，現代「換」的意義，上古用「易」。「易」有平和義，今有「平易近人」。《爾雅》：「易，平也。」易即平也，或通「夷」。有輕義，今有「輕易」。有治、整治義，《荀子》：「田肥以易則出實百倍。」今有「易其田疇」。

易有變義，故研究變化規律的學問謂之易。夏代的易謂之《連山》，商代的易叫《歸藏》，周代的易叫《周易》。《三字經》：「三易者，曰《連山》，曰《歸藏》，曰《周易》。」

文一

象部

象 xiàng　　**長鼻牙，南越大獸，三年一乳，象耳牙四足之形。凡象之屬皆从象。**〔徐兩切〕

【注釋】

段注：「古書多假象為像。《人部》曰：像者，似也。似者，像也。《韓非》曰：人希見生象，而案其圖以想其生，故諸人之所以意想者皆謂之象。似古有象無像，然像字未製以前，想像之義已起，故《周易》用象為想像之義，如用易為簡易、變易之義，皆於聲得義，非於字形得義也。《韓非》說同俚語，而非本無其字，依聲託事之恉。」

豫yù　　象之大者。賈侍中說：不害於物。从象，予聲。〔羊茹切〕古文。

【注釋】

本義是大象中之大者。

豫的寬大、預先、安樂義皆由此引申。段注：「此豫之本義，故其字从象也。引申之，凡大皆稱豫，大必寬裕，故先事而備謂之豫。寬大則樂，故《釋詁》曰：豫，樂也。」

豫有安樂、舒適義，《爾雅》：「豫，安也。」如「逸豫亡身」，古代帝王出遊謂之豫，得名於樂也。《爾雅》：「豫，樂也。」《孟子》：「吾王不豫，吾何以助。」「秋豫」謂秋天出行。

預、豫本一字之異體，後有分工，安樂、出遊義一般寫作豫，預先義一般寫作預。見前「預」字注。

文二　重一

卷十上

四十部 八百一十文 重八十七 凡萬四字 文三十一新附

馬部

馬 mǎ（马）　怒也，武也。象馬頭髦尾四足之形。凡馬之屬皆从馬。〔莫下切〕 古文。 籒文馬，與影同，有髦。

【注釋】

马乃草書楷化字形。

馬有大義，如「馬蜩」謂大蟬也。「馬道」謂大路也。今有「馬路」。「馬船」謂大型官船。牛也有大義，「牛藻」謂大的水藻。同步引申也。

段注：「《釋名》曰：大司馬。馬，武也。大總武事也。」

騭 zhì　牡馬也。从馬，陟聲。讀若郅。〔之日切〕

【注釋】

本義是公馬。《爾雅·釋獸》：「牡曰騭，牝曰騇。」假借為質字，常用義為評定，今有「評騭高下」。假借為陟，故有登義。

段注：「按騭古叚陟為之，《小正》：四月執陟攻駒。陟、騭古今字。謂之騭者，陟，升也。此等騭字皆登陟字之假借。《爾雅》以釋《詩》《書》者也，故陟、騭並列，而統曰升也。」

馵 huán　馬一歲也。从馬、一，絆其足。讀若弦。一曰：若環。〔戶關切〕

駒 jū　馬二歲曰駒，三歲曰駣。从馬，句聲。〔舉朱切〕

【注釋】

小馬也，小動物脊背尚未定形，多彎曲，故名。從句（勾）之字多有彎曲義，見前「句」字注。

馴 bā　馬八歲也。从馬，从八。〔博拔切〕

驓 xián　馬一目白曰驓，二目白曰魚。从馬，閒聲。〔戶閒切〕

【注釋】

驓是一種眼圈周圍長著白毛的馬。鷳指鳥名，即白鷳鳥，驓、鷳，同源詞也。

段注：「《目部》曰：瞯，戴目也。《爾雅》釋文引《倉頡篇》：瞯，目病也。《廣韻》曰：瞯，人目多白也。是則人目白曰瞯，馬目白曰驓，驓即从瞯省。」

騏 qí　馬青驪，文如博棋也。从馬，其聲。〔渠之切〕

驪 lí　馬深黑色。从馬，麗聲。〔呂支切〕

【注釋】

純黑色的馬，俗稱鐵驪。泛指黑色，《小爾雅》：「驪，黑也。」「驪珠」傳說黑龍頷下之珠。又指並列的、成對的，通「儷」。「驪駕」謂車馬並排而行。「驪馬」謂齊驅並駕的馬。

段注：「《魯頌》傳曰：純黑曰驪。按引申為凡黑之稱，亦叚黎、棃為之。」

駽 xuān　青驪馬。从馬，肙聲。《詩》曰：駜彼乘駽。〔火玄切〕

【注釋】

青黑色的馬，亦稱「鐵青馬」。段注：「謂深黑色而戴青色也。《釋嘼》、毛傳皆曰：青驪曰駽。」

騩 guī　馬淺黑色。从馬，鬼聲。〔俱位切〕

騮 liú　赤馬黑髦尾也。从馬，留聲。〔力求切〕

【注釋】

黑鬣、黑尾巴的紅馬。又稱紫騮。「驊騮」乃周穆王八駿之一，即赤紅色的駿馬。泛指駿馬，古詩有「騮馬新跨白玉鞍」。

段注：「髦者，髦髮也。髮之長者稱髦，因之馬鬣曰髦。《魯頌》傳曰：赤身黑鬣曰騂。」

騢 xiá　　**馬赤白雜毛。从馬，叚聲。謂色似鰕魚也。**〔乎加切〕

【注釋】

從叚之字多有紅義，見前「瑕」字注。

段注：「鰕魚謂今之蝦，亦魚屬也。蝦略有紅色，凡叚聲多有紅義，是以瑕為玉小赤色。」

騅 zhuī　　**馬蒼黑雜毛。从馬，隹聲。**〔職追切〕

【注釋】

青白雜色的馬，又叫烏騅，項羽之坐騎也。《水滸傳》呼延灼之坐騎叫「踏雪烏騅馬」。

段注：「黑當作白。《釋嘼》、毛傳皆云：蒼白雜毛曰騅。蒼者，青之近黑者也。白毛與蒼毛相間而生，是為青馬，雖深於青白雜毛之驄，未黑也。若黑毛與蒼毛相間而生，則幾深黑矣。」

駱 luò　　**馬白色黑鬣尾也。从馬，各聲。**〔盧各切〕

【注釋】

黑鬃的白馬。今作「駱駝」字，又叫「橐駝」。

駰 yīn　　**馬陰白雜毛黑。从馬，因聲。《詩》曰：有駰有騢。**〔於真切〕

【注釋】

淺黑帶白色的雜毛馬。陰，淺黑也。

段注：「《釋嘼》《魯頌》傳皆云：陰白雜毛曰駰。郭云：陰，淺黑也。今之泥驄。」

驄 cōng　馬青白雜毛也。从馬，悤聲。〔倉紅切〕

【注釋】

青白相間的馬，俗稱青驄馬。蘇小小詩：「妾乘油壁車，郎騎青驄馬。」

段注：「白毛與青毛相間則為淺青，俗所謂蔥白色。《詩》曰：有瑲蔥衡。《釋器》曰：青謂之蔥。」

驈 yù　驪馬白胯也。从馬，矞聲。《詩》曰：有驈有騜。〔食聿切〕

【注釋】

矞有紅義，「矞雲」者，五彩祥雲也。從矞之字多有紅義，瓊（赤玉也，瓊或從矞）、橘等。

駹 máng　馬面顙皆白也。从馬，尨聲。〔莫江切〕

騧 guā　黃馬，黑喙。从馬，咼聲。〔古華切〕籀文騧。

【注釋】

騧，黑嘴黃馬。

段注：「《釋嘼》曰：白馬黑唇，駩；黑喙，騧。如《爾雅》之文，則是白馬黑喙也。《秦風》傳曰：黃馬黑喙曰騧。許本之，豈今《爾雅》奪黃馬二字與？郭云：今之淺黃色者為騧馬。」

今按：許書多宗毛傳，與《爾雅》、鄭注異。

驃 piào　黃馬發白色。一曰：白髦尾也。从馬，票聲。〔毗召切〕

【注釋】

黃毛夾雜著白點子的馬，俗稱黃驃馬，秦瓊之坐騎。

從票之字多有黃義，見前「蔈」字注。又指馬快跑的樣子，《集韻》：「驃，馬行疾貌。」又矯健、勇猛也，今有「驃勇」「驃悍」。漢代有驃騎將軍。

段注：「發白色者，起白點斑駁也。《釋嘼》曰：黃白曰騜。《毛詩》只作皇，然則皇即驃與？《牛部》犥下曰：牛黃白色。與驃音正同也。」

駓 pī　黃馬白毛也。从馬，丕聲。〔敷悲切〕

【注釋】

毛色黃白相雜的馬，亦稱「桃花馬」。

《爾雅・釋畜》:「黃白雜毛，駓。」郭璞注:「今之桃花馬。」《詩・魯頌・駉》:「有騅有駓，有騂有騏。」今桃花馬多指毛色白中有紅點的馬。蓋郭璞重花紋，今人重顏色。穆桂英、秦良玉的坐騎皆桃花馬，如京劇《大破天門陣》:「桃花馬上威風凜凜，敵血飛濺石榴裙。」「駓駓」，疾走的樣子。

驖 tiě　馬赤黑色。从馬，戴聲。《詩》曰：四驖孔阜。〔他結切〕

【注釋】

紅黑色的馬。鐵、驖，同源詞也。

段注:「驖不見《爾雅》,《秦風》:駟驖孔阜。傳曰：驖，驪也。驪者，深黑色。許說小異，漢人或叚鐵為之,《前書・地理志》叚戴為之。」

騂 àn　馬頭有發赤色者。从馬，岸聲。〔五旰切〕

馰 dí　馬白額也。从馬，的省聲。一曰：駿也。《易》曰：為的顙。〔都歷切〕

【注釋】

又叫戴星馬。劉備之的盧馬，亦作「的顱」，即額部有白色斑點的馬。的省聲者，聲兼義也，的有白義。

段注:「《秦風》:有馬白顛。傳曰：白顛，的顙也。《釋嘼》曰：的顙，白顛。郭云：戴星馬也。《說卦》傳曰：為的顙。虞翻曰：的，白。顙，額也。按的顙之馬謂之馰,《易》釋文云：的,《說文》作馰。」

駁 bó　馬色不純。从馬，爻聲。〔臣鉉等曰：爻非聲，疑象駁文。〕〔北角切〕

【注釋】

本義是馬色不純，泛指雜亂，今有「斑駁」「駁雜」。段注:「與駮各字。」今駮、駁為異體字。

馵 zhù　馬後左足白也。从馬，二其足。讀若注。〔之戍切〕

驔 diàn　　驪馬黃脊。从馬，覃聲。讀若簟。〔徒玷切〕

驠 yàn　　馬白州也。从馬，燕聲。〔於甸切〕

【注釋】

州，屁股也。又指肛門。州、臀一聲之轉也。

騽 xí　　馬豪骭也。从馬，習聲。〔似入切〕

【注釋】

馬膝脛間多長毛。

騴 hàn　　馬毛長也。从馬，倝聲。〔侯旰切〕

【注釋】

翰、騴，同源詞也。

段注：「此謂馬毛長者名騴也，多借翰字為之，翰行而騴廢矣。《尚書大傳》：之西海之濱，取白狐青翰。注曰：長毛也。《文選・長楊賦》『翰林主人』注引《說文》：毛長者曰翰。《曲禮》：雞曰翰音。注曰：翰，猶長也。《常武》詩：如飛如翰。箋云：鳥中豪俊。蓋其字皆當作騴，引申假借之字也。」

騑 fēi　　馬逸足也。从馬，从飛。《司馬法》曰：飛衛斯輿。〔甫微切〕

【注釋】

段注：「逸當作兔。《廣韻》曰：騑兔，馬而兔走。《玉篇》曰：騑兔，古之駿馬也。《呂氏春秋》高注曰：飛兔、要褭，皆馬名也，日行萬里，馳若兔之飛，因以為名也。」

驁 ào　　駿馬，以壬申日死，乘馬忌之。从馬，敖聲。〔五到切〕

【注釋】

《呂氏春秋・察今》：「良馬期乎千里，不期乎驥驁。」注：「千里馬也。王者乘之遊敖，因曰驥驁也。」馬不馴良亦叫驁，喻傲慢、不馴順，如「桀驁不馴」。從敖之字多有高、上義，見前「敖」字注。漢成帝名劉驁。

段注：「驁謂駿馬之名也，凡奇士稱豪俊者可作驁俊，如《尚書》獒可為酋豪字也。」

驥jì　千里馬也，孫陽所相者。从馬，冀聲。天水有驥縣。〔几利切〕

【注釋】

《荀子》：「騏驥一躍，不能十步。」泛指馬，今有「按圖索驥」「老驥伏櫪」。孫陽者，即所謂之伯樂也。傳說天上管理馬匹的神仙叫伯樂，在人間精於鑒馬的人也稱為伯樂。第一個被稱作伯樂的人本名孫陽，春秋時代人，由於精於鑒馬，人們忘其本名，徑稱其為伯樂。在秦國相馬立下汗馬功勞，被秦穆公封為「伯樂將軍」。後來，伯樂將畢生經驗總結寫成我國歷史上第一部相馬學著作——《伯樂相馬經》。

段注：「孫陽字伯樂，秦穆公時人，其所與有九方皋，即九方歅。《左傳》：冀之北土，馬之所生。許蓋援此說字形，从冀、馬會意。許本作冀縣，謂此即《左傳》生馬之地，淺人改之。」

駿jùn　馬之良材者。从馬，夋聲。〔子峻切〕

【注釋】

本義是好馬，引申為疾速義，《爾雅》：「駿，速也。」《詩經》：「駿奔走在廟。」又大也，《爾雅》：「駿，大也。」通「峻」，《詩經》：「駿極于天。」

驍xiāo　良馬也。从馬，堯聲。〔古堯切〕

【注釋】

本義是良馬，引申為勇敢，今有「驍勇善戰」。從堯之字多有高義，見前「嶢」字注。

騒zuī　馬小貌。从馬，垂聲。讀若箠。〔之壘切〕籀文，从𠂹。

驕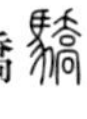jiāo　馬高六尺為驕。从馬，喬聲。《詩》曰：我馬維驕。一曰：野馬。〔舉喬切〕

【注釋】

骄乃草書楷化字形。本義是高頭大馬。

從喬之字多有高義，見前「蹻」「橋」字注。驕、傲有別，驕是自滿，傲是傲慢無禮，如「傲而不驕」。

段注：「《漢廣》：言秣其馬，言秣其駒。傳曰：六尺以上為馬，五尺以上為駒。凡驕恣之義當是由此引申，旁義行而本義廢矣。俗製嬌、憍字。」

騋 lái　**馬七尺為騋，八尺為龍。从馬，來聲。《詩》曰：騋牝驪牡。**〔洛哀切〕

【注釋】

段注：「《周禮·廋人》曰：馬八尺以上為龍，七尺以上為騋，六尺以上為馬。《庸風》：騋牝三千。毛傳：馬七尺以上曰騋。龍俗作駴。」

驩 huān（歡）　**馬名。从馬，雚聲。**〔呼官切〕

【注釋】

今作為「歡」之異體。段注：「古叚為歡字。」

驗 yàn　**馬名。从馬，僉聲。**〔魚窆切〕

【注釋】

验乃草書楷化字形。本義是馬名。段注：「今用為譣字，證也，徵也，效也。不知其何自始，驗行而譣廢矣。」

常用義有證據、憑證也，如「何以為驗」；有檢查義，今有「驗收」「檢驗」；又有效果義，今有「效驗」，「屢試屢驗」謂屢有效果也。又有應驗義。徵有證據義，也有效果義，同步引申也。

䮞 cǐ　**馬名。从馬，此聲。**〔雌氏切〕

䮌 xiū　**馬名。从馬，休聲。**〔許尤切〕

駇 wén　**馬赤鬣縞身，目若黃金，名曰駇。吉皇之乘，周文王時，犬**

戎獻之。从馬，从文，文亦聲。《春秋傳》曰：「駁馬百駟。」畫馬也。西伯獻紂，以全其身。〔無分切〕

馶 zhī　　**馬強也。从馬，支聲。〔章移切〕**

【注釋】

從支之字、之音多有強直義。支者，拒也；忮，很也（違背、不順）；植，立也。

駜 bì　　**馬飽也。从馬，必聲。《詩》云：有駜有駜。〔毗必切〕**

【注釋】

常用義是馬肥壯強健。從必之字多有盛滿義，見前「佖」字注。

駫 jiōng　　**馬盛肥也。从馬，光聲。《詩》曰：四牡駫駫。〔古熒切〕**

【注釋】

從光之字多有盛大義，見前「侊」字注。

騯 péng　　**馬盛也。从馬，旁聲。《詩》曰：四牡騯騯。〔薄庚切〕**

【注釋】

騯騯，馬行進不止的樣子，亦作「彭彭」。從旁之字、之音多有盛大義，如滂（沛也）、雱（雨雪下的很大）、霶（雨雪大）、龐、胖（體大）等。

段注：「《小雅・北山》：四牡彭彭。傳曰：彭彭然不得息。《大雅・烝民》：四牡彭彭。箋云：彭彭，行皃。《大明》：四騵彭彭。箋云：馬強。」

駠 áng　　**駠駠，馬怒貌。从馬，卬聲。〔吾浪切〕**

【注釋】

從卬聲，聲兼義也。

驤 xiāng　　**馬之低仰也。从馬，襄聲。〔息良切〕**

【注釋】

本義是馬抬頭快跑。襄有高、高舉義，《尚書》：「蕩蕩懷山襄陵。」本字當作驤。

《說文》:「褱,《漢令》: 解衣耕謂之褱。」非本字明矣。段注:「古多假褱為驤。」今人有譚其驤。

驀 mò　上馬也。从馬,莫聲。〔莫白切〕

【注釋】

本義是上馬,常用義是超越、越過,如「登山驀嶺」。段注:「上馬必捷,故引申為猝乍之稱。」「驀然回首」者,突然也。今有「他驀地站起來」。

騎 qí　跨馬也。从馬,奇聲。〔渠羈切〕

【注釋】

段注:「兩髀跨馬謂之騎,因之人在馬上謂之騎,今分平去二音。《曲禮》曰:前有車騎。《正義》曰:『古人不騎馬,故經典無言騎者,今言騎,當是周末時禮。』按《左傳》: 左師展將以昭公乘而歸。此必謂騎也,然則古人非無騎矣。『趙旃以其良馬二濟其兄與叔父』,非單騎乎。」

駕 jià　馬在軛中。从馬,加聲。〔古訝切〕 籒文駕。

【注釋】

本義是把馬套在車上。代指車,今有「勞駕」「大駕光臨」。又指帝王的車,代指帝王,今有「駕崩」。又有超越義,今有「凌駕」,同義連文。《小爾雅》:「駕,凌也。」

段注:「毛傳曰:軛,烏噣也。烏噣即《釋名》之烏啄。輈有衡,衡,橫也,橫馬頸上。其扼馬頸者曰烏啄,下向叉馬頸,似烏開口向下啄物時也。駕之言以車加於馬也。《釋名》曰:軛,所以扼牛頸也。」

騑 fēi　驂,旁馬。从馬,非聲。〔甫微切〕

【注釋】

古者一車駕四馬,中間兩個駕轅的馬叫作服馬,兩邊的叫驂馬或騑馬。分而言之,左為驂,右為騑。王勃《滕王閣序》:「儼驂騑於上路。」驂騑代指馬。

段注:「旁者,蒙上在軛中言之。不當衡下者謂之驂,亦謂之騑,駕三駕四所同也。若《小雅》傳曰:騑騑,行不止之皃。別為一義。」

駢 pián　　駕二馬也。从馬，并聲。〔部田切〕

【注釋】

本義是駕二馬，引申出並列義，古有「駢體文」。

段注：「並馬謂之儷駕，亦謂之駢，謂並二馬也。王肅云：夏后氏駕兩謂之麗。駢之引申，凡二物並曰駢。」

驂 cān　　駕三馬也。从馬，參聲。〔倉含切〕

【注釋】

一車駕三馬謂之驂，服馬兩邊的馬也叫驂。

驂馬一般在左側，故叫左驂，《國殤》：「左驂殪兮右刃傷。」不管是駕三馬還是四馬，驂馬不駕轅，可有可無，類似於今汽車之備胎。故驂馬常作為饋贈品，《左傳》：「釋左驂，以公命贈孟明。」本楊琳先生說，參《論先秦一車駕三馬之制》。

段注：「驂、三疊韻為訓。玉裁按：《詩》箋曰：驂，兩騑也。《檀弓》注曰：『騑馬曰驂。』蓋古者駕四，兩服馬夾輈在中，左右各一，騑馬左右皆可以三數之，故謂之驂。以其整齊如翼言之，則謂之騑，驂本非謂駕三也。」

駟 sì　　一乘也。从馬，四聲。〔息利切〕

【注釋】

今有「一言既出，駟馬難追」。古者一車駕四馬，車上有甲士 3 人，車下有步卒 72 人，後勤人員 25 人，共計 100 人，這是標準的一乘。周制，天子地方千里，可出兵車萬乘；諸侯地方百里，出兵車千乘，千乘之國即諸侯國；大夫百乘。

周制，天子轄六軍，每軍千乘，計六千乘；大國三軍，中國兩軍，小國一軍。通常稱天子為「萬乘」，諸侯為「千乘」。戰國時，諸侯國小的稱「千乘」，大的稱「萬乘」。

古代兵車常乘三人，所乘第四人曰「駟乘」。駟，通「四」。《左傳·文公十一年》：「綿房甥為右，富父終甥駟乘。」楊伯峻注：「古代兵車一般乘三人，此則四人共乘，其第四人曰駟乘，職則為車右之副手。」

段注：「四匹為乘。按乘者覆也，車軛駕乎馬上曰乘，馬必四，故四馬為一乘，不必已駕者也。引申之，凡物四曰乘，如乘矢、乘皮、乘韋、乘壺皆是。駟者，馬一乘之名。鄭《清人》箋云：駟，四馬也。」

駙 fū　副馬也。从馬，付聲。一曰：近也。一曰：疾也。〔符遇切〕

【注釋】

副馬者，駕天子副車之馬。副車即天子的從車，《禮記·少儀》：「乘貳車則式，佐車則否。」鄭玄注：「貳車、佐車，皆副車也。」駙馬原為官名駙馬都尉的簡稱，魏晉以後帝王女婿常任此職，後成為帝王女婿的專稱。「一曰：近也」，實今「附近」之本字也。《說文》：「坿，益也。」「附，附婁，小土山也。」皆非本字明矣。

段注：「副者，貳也。《漢·百官公卿表》：『奉車都尉掌御乘輿車，駙馬都尉掌駙馬，皆武帝初置。』晉尚公主者，並加之。師古曰：『駙，副馬也。非正駕車，皆為副馬。』附近字今人作附，或作傅，依此當作駙。」

騝 xié　馬和也。从馬，皆聲。〔戶皆切〕

【注釋】

從皆，聲兼義也。

騀 ě　馬搖頭也。从馬，我聲。〔五可切〕

【注釋】

從我之字多有傾側義，見前「俄」字注。

段注：「駊騀也。此二篆並解，各本訛舛，今依全書通例及《玉篇》所載訂正。駊騀於頗俄皆近。」

駊 pǒ　駊騀也。从馬，皮聲。〔普火切〕

駋 tāo　馬行貌。从馬，舀聲。〔土刀切〕

【注釋】

馬緩慢行走的樣子。滔，水行也。同源詞也。

段注：「此當曰：駋駋，馬行皃。淺人刪之也。牛徐行曰犉犉，馬徐行曰駋駋，今人俗語如是矣。」

篤 dǔ　馬行頓遲。从馬，竹聲。〔冬毒切〕

【注釋】

本義是馬行遲緩，段注：「古假借篤為竺字，以皆竹聲也。《二部》曰：竺，厚也。篤行而竺廢矣，蓋篤字之代竺久矣。」

篤有厚義，今「篤厚」；引申為深義，如「篤好」，猶深愛也。有堅定義，如「明辨之，篤行之」；有病重義，如「病篤」。

騤 kuí　馬行威儀也。从馬，癸聲。《詩》曰：四牡騤騤。〔渠追切〕

【注釋】

揆者，理也。同源詞也。「騤騤」謂馬強壯貌。「騤瞿」謂急遽奔走貌。

段注：「馬行上當有騤騤二字，《詩》三言『四牡騤騤』，《采薇》傳曰：強也。《桑柔》傳曰：不息也。《烝民》傳曰：猶彭彭也。各隨文解之，許檃栝之云：馬行威儀皃，於疊韻取義也。」

䮠 wò　馬行徐而疾也。从馬，學省聲。〔於角切〕

【注釋】

馬快跑。

段注：「䮠䮠，二字今補。馬行徐而疾也。从馬，與聲。此篆各本作䮠，解云：學省聲，於角切。今正。

《論語》注曰：與與，威儀中適之皃。《心部》曰：懙，趣步懙懙也。蘇林《漢書》注曰：懙懙，行步安舒也。是可以證䮠䮠之解矣。《詩》曰：四牡䮠䮠。《小雅·車攻》《大雅·韓奕》皆云：四牡奕奕。古音奕之平聲讀弋魚切，蓋即其異文也。」

駸 qīn　馬行疾也。从馬，侵省聲。《詩》曰：載驟駸駸。〔子林切〕

【注釋】

侵聲，聲兼義。侵者，近也。段注：「也當作皃。駸駸，驟皃。驟者，馬捷步也。」

馺 sà　馬行相及也。从馬，从及。讀若《爾雅》：小山馺大山，峘。〔蘇答切〕

馮 píng　馬行疾也。从馬，仌聲。〔臣鉉等曰：本音皮冰切，經典通

用為依馮之馮。今別作憑，非是。〕〔房戎切〕

【注釋】

本義是馬行急速，但本義罕見。

假借為憑靠字，後加心作憑，簡化漢字憑簡化作凭。《說文》：「凭，依几也。从几，从任。」段注：「憑几亦作馮几，假借字。」今成語有「暴虎馮河」，馮河者，徒步過河也，乃淜之假借，見「淜」字注。

常用義盛、大也，《天問》：「康回馮怒。」又煩悶也，嚴忌《哀時命》：「願舒志而抽馮兮。」又登也，《荀子》：「百仞之山豎子馮而遊焉。」引申有欺凌義，《左傳》：「小人伐其技，以馮君子。」

段注：「按馬行疾馮馮然，此馮之本義也，展轉他用而馮之本義廢矣。馮者，馬蹄著地堅實之貌，因之引申其義為盛也、大也、滿也、懣也。如《左傳》之『馮怒』、《地理志》之『左馮翊』，皆謂充盛。皆畐字之合音假借，畐者，滿也。或假為凭字，凡經傳云馮依，其字皆當作凭。或假為淜字，如《易》《詩》《論語》之馮河，皆當作淜也。俗作憑，非是。」

馸 niè　馬步疾也。从馬，耴聲。〔尼輒切〕

【注釋】

今「動輒得咎」之本字也。輒有往往、立即、就義，本字當作馸。段注：「今人專輒字作輒，似當作馸為近之。」

騃 sì　馬行仡仡也。从馬，矣聲。〔五駭切〕

【注釋】

仡仡，健壯貌。本義是馬行勇壯的樣子，假借為「佁」，音 āi，愚蠢、無知貌。《廣雅》：「騃，癡也。」《蒼頡篇》：「騃，無知之貌。」「呆板」又作「騃板」。

段注：「《人部》曰：仡，勇壯也。《吉日》：儦儦俟俟，《人部》作伾伾俟俟，《韓詩》作駓駓騃騃。毛用假借字，韓乃正字也。騃騃與俟俟音義同。俟，大也。皆鉏里切。《方言》曰：癡，騃也。乃讀五駭切，俗語借用之字耳。」

段注這裡揭示了「訓讀」現象。

驟 zhòu　馬疾步也。从馬，聚聲。〔鉏又切〕

【注釋】

本義是馬快走，《詩經》:「載驟駸駸。」

引申為二義：一是急速，今有「暴風驟雨」；二是多次、屢次。《左傳》:「宣子驟諫。」謂多次進諫也。急速則單位時間內出現次數就多，二義相因也。「亟」「數」亦有此二義，同步引申也。

段注:「《小雅》曰：載驟駸駸。按今字驟為暴疾之詞，古則為屢然之詞。凡《左傳》《國語》言驟者皆與屢同義，如『宣子驟諫』『公子商人驟施於國』是也。《左傳》言驟，《詩》《書》言屢，《論語》言屢，亦言亟，其意一也。

亟之本義敏疾也，讀去吏切，為數數然，數數然即是敏疾。驟之用同此矣。數之本義計也，讀所角切，為數數然，乃又引申為凡迫促之意。好學者必心知其意，於此可見也。」

段注這裡揭示了「同步引申」現象。

駒 gé　馬疾走也。从馬，勹聲。〔古達切〕

颿 fān（帆）　馬疾步也。从馬，風聲。〔符嚴切〕〔臣鉉等曰：舟船之颿，本用此字，今別作帆，非是。〕

【注釋】

今作為風帆字。段注:「按今有帆字，船上幔以使風者也，自杜注《左傳》已用此字，不必借颿。」

驅 qū（毆）　馬馳也。从馬，區聲。〔豈俱切〕古文驅，从支。

【注釋】

驅、馳二字都是趕馬的意思，是人的動作。今有「驅趕」，又寫作「毆」。

只是馳比驅的詞義更重，是使勁趕馬，《說文》:「馳，大驅也。」《詩經》:「載馳載驅。」後來，馳、驅也指馬快跑，今有「奔馳」「並駕齊驅」。這樣就從人的行為，轉為馬的動作了。馳、驅的引申路徑同，同步引用也。

段注:「古文从支，引申為凡駕馭追逐之稱。《周禮》:以靈鼓毆之，以炮土之鼓毆之。《孟子》:為淵毆魚，為叢毆爵，為湯武毆民，皆用古文，其實皆可作驅。與《殳部》之毆義別。」

馳 chí　　大驅也。从馬，也聲。〔直離切〕

【注釋】

見上「驅」字注。馳有嚮往義，今有「神馳」「情馳」「心馳神往」。又有傳揚義，今有「馳名中外」。

騖 wù　　亂馳也。从馬，敄聲。〔亡遇切〕

【注釋】

本義是亂跑，縱橫奔馳。引申有急跑義，班固《東都賦》：「驍騎電騖」。引申有急快義，《素問》：「肝脈騖暴。」今有「好高騖遠」者，騖者，追求也，乃「務」之假借也。

鴷 liè　　次弟馳也。从馬，列聲。〔力制切〕

【注釋】

列聲者，兼義也。《玉篇》作駠。

騁 chěng　　直馳也。从馬，甹聲。〔丑郢切〕

【注釋】

本義是馬奔馳，引申為盡情施展，不受拘束。「騁能」謂施展才能也。「騁欲」謂放任欲望也。今有「騁目」「騁望」。

駾 tuì　　馬行疾來貌。从馬，兌聲。《詩》曰：昆夷駾矣。〔他外切〕

駃 yì　　馬有疾足。从馬，失聲。〔大結切〕

【注釋】

段注：「奔軼絕塵字當作駃，今人用佚逸字當作駃。」

駻 hàn　　馬突也。从馬，旱聲。〔侯旰切〕

【注釋】

馬突謂馬凶猂，奔突。睅為眼睛突出，《左傳》：「睅其目。」同源詞也。

駧 dòng　　馳馬洞去也。从馬，同聲。〔徒弄切〕

【注釋】

段注：「此與《辵部》迵，《馬部》駧音義同，引申為洞達，為洞壑。」三字乃同源詞也。

驚 jīng（惊）　　馬駭也。从馬，敬聲。〔舉卿切〕

【注釋】

今作惊，後起之俗字也。驚的本義是馬受驚。

段注：「驚與警義別。《小雅》：徒御不警。傳曰：不警，警也。俗多訛驚。」

駭 hài　　驚也。从馬，亥聲。〔侯楷切〕

【注釋】

本義是馬受驚，故「驚駭」連用。驚、駭引申路徑同，同步引申也。駭有騷亂義，如「疆埸大駭」。

駫 huāng　　馬奔也。从馬，巟聲。〔呼光切〕

騫 qiān　　馬腹縶也。从馬，寒省聲。〔去虔切〕

【注釋】

本義是馬肚子下垂。縶，段氏改為墊。

段注：「墊，正俗所云肚腹低陷也。《仲尼弟子列傳》閔損，字子騫，是其義矣。《考工記》：小體騫腹謂之羽屬。《詩·無羊》《天保》傳皆曰：騫，虧也。按《詩》騫裳字本用此，謂摳衣不使盈滿也。俗借褰絝字為之，習者不知其非矣。」

常用義有二：一是高舉，如「騫舉」。多用於人名，取高舉之義也，如張騫；又虧損義，《詩經》：「如南山之壽，不騫不崩。」孔子弟子閔子騫，名損，名字相關也，二十四孝之「蘆衣順母」乃其事。又有過錯義，通「愆」，《荀子》：「長夜漫兮，永思騫兮。」

駐 zhù　　馬立也。从馬，主聲。〔中句切〕

【注釋】

本義是馬停止不前。段注：「人立曰侸，俗作住，馬立曰駐。」

馴 xún　　馬順也。从馬，川聲。〔詳遵切〕

【注釋】

本義是馬馴服。

馴即服也，順也。《韓非子》：「夫馴烏者斷其下翎，則必恃人而食，焉得不馴乎？」引申有善良、溫順義，《史記》：「康叔皆有馴行。」又有逐漸義，當通「尋」，《宋史》：「小惡不懲，將馴至大患。」

段注：「古馴、訓、順三字互相假借，皆川聲也。馴之本義為馬順，引申為凡順之稱。」

駗 zhěn　　馬載重難也。从馬，参聲。〔張人切〕

【注釋】

段注：「駗驙，二字雙聲。各本皆刪，今依《玉篇》補。」

驙 zhān　　駗驙也。从馬，亶聲。《易》曰：乘馬驙如。〔張連切〕

【注釋】

駗驙，猶迍邅也，行路難貌。

段注：「《周易・屯》六二：屯如亶如，乘馬班如。亶俗作邅。」亶有厚、重義，行路難即步伐重，亶、邅、驙皆同源詞也。

驇 zhì　　馬重貌。从馬，執聲。〔陟利切〕

【注釋】

馬難起步的樣子。

驧 jú　　馬曲脊也。从馬，鞠聲。〔巨六切〕

【注釋】

鞠聲者，聲兼義也。

騬chéng　　犗馬也。从馬，乘聲。〔食陵切〕

【注釋】

閹割過的馬。

馻jiè　　繫馬尾也。从馬，介聲。〔古拜切〕

【注釋】

《左傳》「不介馬而馳之」之本字也。古代馬駕車時，馬尾巴要紮起來，以便奔跑，今出土之秦始皇兵馬俑復原圖正如此。

段注：「此當依《玉篇》作結馬尾，《廣韻》作馬尾結也，結即今之髻字。《釋文》：馻音介，馬尾髻也。按遠行必髻其馬尾，馻與髻音義同。《詩》曰：駟介。《左傳》：不介馬而馳。疑介即古文馻。」

騷sāo　　擾也。一曰：摩馬。从馬，蚤聲。〔穌遭切〕

【注釋】

本義是動亂、擾亂。「一曰：摩馬」，即刷馬。

段注：「人曰搔，馬曰騷，其意一也。摩馬如今之刷馬，引申之義為騷動。若《屈原列傳》曰：離騷者，猶離憂也。此於騷古音與憂同部得之，騷本不訓憂，而擾動則生憂也，故曰猶。」

馽zhí（縶）　　絆馬也。从馬，囗其足。《春秋傳》曰：韓厥執馽前。讀若輒。馽，或从糸，執聲。〔陟立切〕

【注釋】

今通行重文縶，絆馬索也。又作動詞，用繩子捆拴馬足。又有拘捕、束縛義，《左傳》：「南冠而縶者誰也？」

駘tái　　馬銜脫也。从馬，台聲。〔徒哀切〕

【注釋】

本義是馬嚼子脫落，如「馬駘其銜，四牡橫奔」。

引申出放縱、放蕩義，今有「駘蕩不羈」。放鬆舒緩亦謂之駘蕩，如「春物駘蕩」。常用義是劣馬，又比喻才能低下，如「駑駘」。

段注：「馬銜不在馬口中，則無以控制其馬，崔實《政論》曰『馬駘其銜』是也。銜脫則行遲鈍，《廣雅》曰『駑，駘也』是也。又引申為寬大之意，漢有臺名駘蕩，及『春色駘蕩』是也。」

駔 zǎng　　牡馬也[1]。从馬，且聲。一曰：馬蹲駔也[2]。〔子朗切〕

【注釋】

[1] 本義是駿馬、好馬。《六書故》引作奘馬。

段注改作「壯馬也」，云：「壯各本作牡，今正。李善《文選》注引皆作壯，戴仲達引唐本《說文》作奘馬也，皆可證。按駔本大馬之稱，引申為凡大之稱。故駔篆下云：奘馬。而奘篆下但云：駔大。」

[2] 駔儈，舊時馬匹交易的經紀人，亦泛指市場經紀人。

段注：「一曰：駔會也。謂合兩家之買賣，如今之度市也，駔會如今之牙行。會俗作儈。《廣韻》引《晉令》：『儈賣者皆當箸巾，白帖額，言所儈賣及姓名，一足白履，一足黑履。』蓋駔者，本平會買賣馬之稱，因以為平會凡物之稱。《呂氏春秋》：段干木，晉國之駔。」

騶 zōu　　廄御也。从馬，芻聲。〔側鳩切〕

【注釋】

本義是養馬的人，也兼管趕馬。常用義是騎馬的侍從，今有「騶從」。

驛 yì　　置騎也。从馬，睪聲。〔羊益切〕

【注釋】

驿乃草書楷化字形。

本義是古代供傳遞公文的馬，引申傳遞公文的地方也叫驛。「駱繹」謂往來不絕，又作「絡繹」。《風俗通》：「漢改郵為置，置者，度其遠近之間置之也。」「置」「郵」「傳」「驛」四字義同。

段注：「言騎以別於車也。馹為傳車，驛為置騎，二字之別也。車謂傳，馬謂遽，渾言則傳、遽無二，析言則傳遽分車馬。亦可證單騎從古而有，非經典所無。許『傳』

下云：遽也，『遽』下云：傳也，此渾言也。『驛』下云：置騎也，『馹』下云：傳也，此析言也。置騎猶《孟子》言置郵，俗用駱驛。」

馹 rì　　驛傳也。从馬，日聲。〔人質切〕

【注釋】

析言之，馹為傳車，驛為馬騎。《爾雅》：「馹、遽，傳也。」

騰 téng　　傳也。从馬，朕聲。一曰：騰，犗馬也。〔徒登切〕

【注釋】

本義是傳遞公文的驛車。

《後漢書》：「因素騰書隴蜀。」今常用義跳也，如「龍騰虎躍」；飛也，上升也，今有「蒸騰」「騰飛」；奔也，今有「奔騰」。又乘也，今有「騰雲駕霧」。

騅 hé　　苑名。一曰：馬白頟。从馬，隺聲。〔下各切〕

【注釋】

皠，白鳥也。鳥之白曰皠，白牛曰㮮，同源詞也。

駉 jiōng　　牧馬苑也。从馬，冋聲。《詩》曰：在駉之野。〔古熒切〕

【注釋】

本義是養馬的園林。駉、冋、坰，同源詞也。常「駉駉」連文，謂馬肥壯貌，《詩經》：「駉駉牡馬，在坰之野。」

段注：「苑謂馬牧也。駉之義葢同閑，牧馬之處謂之閑，亦謂之駉。」

駪 shēn　　馬眾多貌。从馬，先聲。〔所臻切〕

【注釋】

本義是馬眾多，泛指眾多。《詩經》：「駪駪征夫，每懷靡及。」從先之字、之音多有眾多義，如「莘莘學子」；詵，多言也，也泛指多。

段注：「毛傳曰：駪駪，眾多之皃。按毛傳不曰馬者，以《詩》言人也，其引申之義也。許言馬者，字之本義也，以其字从馬。《㚘部》引《詩》：莘莘征夫。」

駁 bó　獸，如馬，倨牙，食虎豹。从馬，交聲。〔北角切〕

【注釋】

連篆為讀，傳說中的一種形似馬而能吃虎豹的野獸。又作為「駁」的異體字。

駃 jué　駃騠，馬父嬴子也。从馬，夬聲。〔古穴切〕〔臣鉉等曰：今俗與快同用。〕

【注釋】

駃騠，驢騾的別名，又叫駏驉。公馬與母驢所生的雜種力畜，外貌偏似驢，耐粗飼，適應性強，挽力大而持久，但均不及騾。由公驢和母馬交配所生的雜種叫馬騾，俗稱騾，身體較驢騾大，耳朵較小，尾部的毛比驢長且蓬鬆。由於染色體配對的原因，今常見的是馬騾，驢騾少見。

駃騠又指古時駿馬名，相傳產於北狄，亦作「駃題」。李斯《上書秦始皇》：「趙衛之女，不充後庭；駿良駃騠，不實外廄。」

段注：「謂馬父之騾也。言馬父者，以別於驢父之騾也。今人謂馬父驢母者為馬騾，謂驢父馬母者為驢騾。」

今按：段注與今說相反，若隨「父」姓，當以段注為是。若隨「母」姓，當以今說為是。

騠 tí　駃騠也。从馬，是聲。〔杜兮切〕

䯁 luó（騾）　驢父馬母。从馬，𣎆聲。或从嬴。〔洛戈切〕

【注釋】

今俗字作騾。

段注：「崔豹曰：驢為牡，馬為牝，即生騾。馬為牡，驢為牝，生駏驉。《抱朴子》曰：世不信騾乃驢、馬所生，云各自有種，況乎仙者難知之事哉。」

驢 lǘ　似馬，長耳。从馬，盧聲。〔力居切〕

【注釋】

驴乃另造之俗字。從盧之字多有黑義，見前「鸕」字注。

段注：「驢、騾、駃騠、騊駼、驒騱，大史公皆謂為匈奴奇畜，本中國所不用，故字皆不見經傳，蓋秦人造之耳。」

驩 méng　　驢子也。从馬，冡聲。〔莫紅切〕

【注釋】

冡聲，聲兼義也。

驒 tuó　　驒騱，野馬也。从馬，單聲。一曰：青驪白鱗，文如鼉魚。〔代何切〕

【注釋】

毛色呈鱗狀斑紋的青馬。鼉、驒，同源詞也。

段注：「《釋嘼》曰：青驪粼，驒。《魯頌》毛傳同。郭云：『色有淺深，斑駁隱粼，今之連錢驄也。』文如鼉魚也，謂如鼉魚青黑而白斑也。謂之魚者，水蟲皆得名魚也，似鰕魚則曰騢，似鼉魚則曰驒，音各相同也。」

騱 xí　　驒騱馬也。从馬，奚聲。〔胡雞切〕

騊 táo　　騊駼，北野之良馬。从馬，匋聲。〔徒刀切〕

【注釋】

北方產的一種毛色以青為主的野馬。

駼 tú　　騊駼也。从馬，余聲。〔同都切〕

驫 biāo　　眾馬也。从三馬。〔甫虯切〕

【注釋】

從 biāo 音之字多有眾多義。《詩經》：「行人儦儦。」毛傳：「眾貌。」《說文》：「髟，長髮猋猋也。」多則長而垂也。

段注：「《廣雅》曰：驫驫，走皃也。《吳都賦》：驫駥飍矞。善曰：眾馬走皃也。」

文一百一十五 重八

駛 shǐ（駛）　　疾也。从馬，吏聲。〔疏吏切〕

【注釋】

駛之異體字，《說文》無駛字。本義是馬快跑，泛指急速義。如「駛流」謂湍急的水流；「駛雨」謂急雨也；「駛風」謂疾風也。

駥 róng　　馬高八尺。从馬，戎聲。〔如融切〕

【注釋】

戎者，大也。聲兼義也。

騣 zōng（鬃）　　馬鬣也。从馬，嵏聲。〔子紅切〕

【注釋】

今作鬃。

馱 tuó　　負物也。从馬，大聲。此俗語也。〔唐佐切〕

騂 xīng（騂）　　馬赤色也。从馬，觲省聲。〔息營切〕

【注釋】

俗字作騂。本義是赤色的馬，後泛指赤色，《尚書・洛誥》：「文王騂牛一，武王騂牛一。」

文五　新附

廌部

廌 zhì　　解廌，獸也。似山牛，一角，古者決訟，令觸不直。象形，从豸省。凡廌之屬皆从廌。〔宅買切〕

【注釋】

解廌，又稱獬豸、獬廌、解豸。

中國古代神話傳說中的神獸，額上長一角，俗稱獨角獸，堯時的法官皋陶所養。獬豸能辨是非曲直，不直者則用角觸之。古者法官的官服上常繡有獬豸圖形，以示公正。古代御史或法官戴的冠為獬豸冠，又代指御史。南京明孝陵之神道兩側即有獬豸石像，余遊南京時曾親目。二十八星宿有斗木獬，四木禽星之一。

段注：「《神異經》曰：東北荒中有獸，見人鬥則觸不直，聞人論則咋不正，名曰獬豸。《論衡》曰：『獬豸者，一角之羊，性識有罪，皋陶治獄，有罪者令羊觸之。』按古有此神獸，非必皋陶賴之聽獄也。下文『古者神人以廌遺黃帝』，累呼曰解廌，單呼曰廌。」

䴔 xiào　　解廌屬。从廌，孝聲。闕。〔古孝切〕

薦 jiàn（荐）　　獸之所食艸。从廌，从艸。古者神人以廌遺黃帝，帝曰：何食？何處？曰：食薦，夏處水澤，冬處松柏。〔作甸切〕

【注釋】

今簡化作荐字。古者荐、薦為二字，簡化漢字歸併為一。

《說文》：「荐，薦席也。」本義是草席。薦的本義是草，常用義是進獻，《爾雅》：「薦，進也。」引申為推薦義。草席子多重疊，故引申出再、又義，《爾雅》：「薦、原，再也。」《詩經》：「飢饉薦臻。」荐、薦經典多通用，古代在進獻、推薦義上不寫作「荐」。

段注：「《艸部》曰：荐，艸席也。與此義別，而古相假借。《左氏傳》：戎狄薦居。服虔云：『薦，艸也。言狄人逐水艸而居，徙無常處。』凡注家云『薦，進也』者，皆荐之假借字。荐者，藉也，故引申之義為進也、陳也。」

灋 fǎ（法）　　刑也。平之如水，从水。廌，所以觸不直者。去之，从去。〔方乏切〕 今文省。 古文。

【注釋】

今通行重文法。

刑者，法也。《爾雅》：「刑，法也。」本義是法律。引申為傚仿，又引申為規範的，今有「法帖」「法書」「法繪」「法寶」。法、律有別，法指大的法令；律指具體條文，故「變法」不能說「變律」。

文四　重二

鹿部

鹿 lù　　獸也。象頭角四足之形。鳥、鹿足相似，从匕。凡鹿之屬皆从鹿。〔盧谷切〕

【注釋】

鹿，祿也。同源詞也。鹿乃福獸，古人賀儀常用鹿皮。

麚 jiā　　牡鹿。从鹿，叚聲。以夏至解角。〔古牙切〕

【注釋】

公鹿也。俗作麍。從叚聲，聲兼義，從叚之字、之音多有大義，如假、嘏、瑕、夏等。

麟 lín　　大牝鹿也。从鹿，粦聲。〔力珍切〕

【注釋】

段注改作「大牡鹿也」，徐鍇《說文解文繫傳》:「麟，大牡鹿也。」當是。從粦之字、之聲多有大義，林，大也。今作為「麒麟」字，「麒麟」本字當作麐，《說文》:「麐，牝麒也。」朱駿聲:「經典皆以麟為之。」段注:「經典無作麐者。」

雄的叫麒，雌的叫麟。比喻顯貴、稀有，如「麟子鳳雛」用來比喻貴族子孫。掌管皇族事務的機關叫「麟寺」，漢代有麒麟閣。「麟鳳一毛」謂稀珍也。

段注:「牡，各本及《集韻》《類篇》皆訛牝，今正。《玉篇》曰:麟，大麚也。是也。《子虛賦》『射麋腳麟』謂此。按許此篆為大麚，麐篆為麒麐，經典用仁獸字多作麟，蓋同音假借。」

麛 nuàn　　鹿麛也。从鹿，耎聲。讀若偄弱之偄。〔奴亂切〕

【注釋】

本義是小鹿，從而之聲多有小義，如栭、荋、鮞（小魚）等。

麈 sù　　鹿跡也。从鹿，速聲。〔桑谷切〕

【注釋】

《爾雅》:「鹿，其跡速。」本字當作麈。

麛 mí　　鹿子也。从鹿，弭聲。〔莫兮切〕

【注釋】

本義是小鹿。從弭之音多有小義，如米、蘼蕪（小葉菜）、謎等。

段注：「《釋嘼》曰：鹿子，麛。字亦作麑，《論語》麑裘，即麛裘。《國語》注曰：鹿子曰麑，麋子曰麇。」

麉 jiān　　鹿之絕有力者。从鹿，幵聲。〔古賢切〕

【注釋】

從幵聲，聲兼義也。開從幵聲，開則大矣。兼，並也，並則大矣。今《爾雅》作麙。

麒 qí　　仁獸也。麋身牛尾，一角。从鹿，其聲。〔渠之切〕

【注釋】

今麒麟也。雄曰麒，雌曰麟。

麐 lín　　牝麒也。从鹿，吝聲。〔力珍切〕

【注釋】

此麒麟之本字也。雄曰麒，雌曰麟。

麋 mí　　鹿屬。从鹿，米聲。麋冬至解其角。〔武悲切〕

【注釋】

即四不像也，姜子牙之坐騎。頭臉像馬，角像鹿，頸像駱駝，尾像驢，因此得名「四不像」。

麎 chén　　牝麋也。从鹿，辰聲。〔植鄰切〕

⿸鹿旨 jǐ（麂）　　大麋也，狗足。从鹿，旨聲。〔居履切〕或从几。

【注釋】

今通行重文麂，像鹿，比鹿小，善於跳躍，皮軟可以製革，通稱麂子。

段注改作「大麇也」，云：「麇，各本誤麋，今正。《釋獸》曰：麔，大麕。」

麇 jūn　　麞也。从鹿，囷省聲。 籀文不省。〔居筠切〕

【注釋】

指獐子。又音 qún，謂成群也，如「麇集」謂聚集也。

麞 zhāng（獐）　　麋屬。从鹿，章聲。〔諸良切〕

【注釋】

即獐之異體。又叫河麂、牙獐。唐李林甫文墨不深，賀人生子，寫作「弄獐之喜」，時人稱其為「弄獐宰相」。

麔 jiù　　麋牝者。从鹿，咎聲。〔其久切〕

麠 jīng　　大鹿也。牛尾，一角。从鹿，畺聲。〔舉卿切〕 或从京。

【注釋】

從畺、京之字多有大義，見前「橿」字注。

段注：「大麃也。麃各本作鹿，誤，今正。《釋獸》云：麠，大麃。牛尾，一角。許所本也。《史・武帝紀》《漢・郊祀志》皆曰：郊雍，獲一角獸，若麃然。武帝所獲正是麠，蓋麃似麞無角，大麃有一角則謂之麠，當時有司因一角附會為麟也。」

麃 páo　　麠屬。从鹿，票省聲。〔薄交切〕

【注釋】

大鹿也。古同「麅」。段注：「楚人謂麋為麃，麃似麋而無角。《詩・鄭風》：駟介麃麃。傳云：武皃。蓋儦儦之叚借字也。」

麈 zhǔ　　麋屬。从鹿，主聲。〔之庾切〕

【注釋】

麈尾者，用麈的尾毛製成的拂塵。麈是一種大鹿，麈與群鹿同行，麈尾搖動，可以指揮鹿群的行向。「麈尾」取義於此，蓋有領袖群倫之義。

麑 ní　　狻麑，獸也。从鹿，兒聲。〔五雞切〕

【注釋】

同麛。麑是小鹿。從兒，聲兼義也。大鯢者，娃娃魚也。倪，小孩也。

狻麑者，連綿詞，獅子也。常寫作「狻猊」，中國古代神話傳說中龍生九子之一，形如獅，喜煙好坐，所以形象一般出現在香爐上，隨之吞煙吐霧。

段注：「《釋獸》曰：狻麑如虦貓，食虎豹。按此篆與《犬部》狻篆，疑皆後人所增。」

麙 xián　　山羊而大者，細角。从鹿，咸聲。〔胡毚切〕

【注釋】

咸，全也。全則大，故聲兼義。

麢 líng（羚）　　大羊而細角。从鹿，霝聲。〔郎丁切〕

【注釋】

即羚羊。令、霝有大義，聲兼義也。段注：「《釋畜》曰：麢，大羊。《山海經》作麢，《本艸》作羚羊。」

麠 guī　　鹿屬。从鹿，圭聲。〔古攜切〕

麝 shè（麝）　　如小麋，臍有香。从鹿，䠶聲。〔神夜切〕

【注釋】

今作麝。

麝，小鹿也，肚臍分泌香料，稱麝香。香氣濃鬱，但令人不孕。史載趙飛燕、趙合德二姐妹長期服用養顏的息肌丸，因含麝香，故不孕。

麔 yù　　似鹿而大也。从鹿，與聲。〔羊茹切〕

【注釋】

與有大義，聲兼義也。

麗 lì（丽）　旅行也[1]**。鹿之性，見食急則必旅行。从鹿，丽聲。《禮》：「麗皮納聘。」蓋鹿皮也。〔郎計切〕古文**[2]**。篆文麗字。**

【注釋】

〔1〕旅行者，結伴而行也。王筠《說文句讀》：「俗作侶。」其字本作「丽」，後加「鹿」，成為形聲字。今簡化字作丽，實源自古文也。

鹿成對並駕，本義是結伴、成對，後加人作儷，今有「伉儷」，夫妻也。麗有附著義，如「麗土之毛」，段注：「兩相附則為麗。」認為是引申。或以為是假借也，見前「蘢」字注。二者相形，段注為佳，「蘢」實為後起字。

段注：「此麗之本義。其字本作丽，旅行之象也，後乃加鹿耳。《周禮》：麗馬一圉，八麗一師。注曰：麗，耦也。《禮》之儷皮，《左傳》之伉儷，《說文》之驪駕，皆其義也。兩相附則為麗，《易》曰：『離，麗也。日月麗乎天，百穀艸木麗乎土。』是其義也。

《聘禮》曰：上介奉幣儷皮。《士冠禮》：主人酬賓，束帛儷皮。儷即麗之俗。鄭注：儷皮，兩鹿皮也。鄭意麗為兩，許意麗為鹿，其意實相通。古文只作丽，後乃加鹿，《廣韻》則麗、丽各字。疑丽者古文，麗者籀文，𠫰者小篆也。然小篆多用麗為形聲。」

〔2〕李孝定《甲骨文字集釋》：「丽聲之丽，諸家以為即此字之古文，是也。麗既以古文為聲，則从鹿必屬後起。麗之本義訓兩，麗从鹿，當為鹿之旅行之專字。」

麀 yōu　牝鹿也。从鹿，从牝省。〔於虯切〕或从幽聲。

【注釋】

本義是母鹿。

父子與同一個女人發生關係謂之「聚麀」，《禮記·曲禮上》：「夫唯禽獸無禮，故父子聚麀。」《紅樓夢》：「況知賈珍賈蓉等素有聚麀之誚。」賈珍、賈蓉父子同與尤氏二姐妹發生關係，故謂之聚麀。

段注：「鹿牝曰麀，按引申為凡牝之稱，《大雅·靈臺》傳曰：麀，牝也。《左傳》：思其麀牡。《曲禮》：父子聚麀。皆謂即牝字也。」

文二十六　重六

麤部

麤 cū（粗）　　行超遠也。从三鹿。凡麤之屬皆从麤。〔倉胡切〕

【注釋】

本義是遠行。超，遠也。今簡化作粗，《說文》：「粗，疏也。」本義是糙米。二者典籍常通用，簡化字歸併為一。

段注：「鹿善驚躍，故从三鹿，引申之為鹵莽之稱。俗作麁，今人概用粗，粗行而麤廢矣。」

䴟 chén（塵、尘）　　鹿行揚土也。从麤，从土。〔直珍切〕 籀文。

【注釋】

後簡省作塵，尘則後起之俗字也。《爾雅》：「塵，久也。」塵有舊義。

段注：「《釋詁》：塵，久也。即《桑柔》傳之『填，久也』。《東山》傳：烝，寘也。箋云：古者聲寘、填、塵同也。又《甫田》傳曰：尊者食新，農夫食陳。按寘、填、塵、陳四字同音，皆訓久，當是填為正字。填者，塞也，塞則安定。寘、鎮與填同，塵、陳皆假借字也。」

本義是塵土，「煙塵」比喻戰爭也，高適《燕歌行》：「漢家煙塵在東北。」又指蹤跡、事蹟，今有「步人後塵」。人間、現實社會謂之塵，今有「塵世」「紅塵」。

文二　重一

㲋部

㲋 chuò　　獸也，似兔，青色而大。象形。頭與兔同，足與鹿同。凡㲋之屬皆从㲋。〔丑略切〕 篆文。

【注釋】

重文為篆文，則字頭為籀文明矣。以籀文為部首，為統率所隸之字故也。此乃《說文》之一體例。

段注：「《中山經》：綸山，其獸多閭麈麢㚟。郭注：『㚟似兔而鹿腳，青色。音綽。』按㚟乃㲋之俗體耳，《集韻》別為兩字，非也。」

毚 chán　　狡兔也，兔之駿者。从㲋、兔。〔士咸切〕

【注釋】

今饞、攙等字皆從毚聲，今簡化作馋、搀者，乃重文符號代替所形成之俗字也。棗，簡化作枣，同此。

段注：「《小雅・巧言》傳曰：毚兔，狡兔也。按狡者，少壯之意。」

魯 xiě　　**獸名。从㲋，吾聲。讀若寫。〔司夜切〕**

㲋 jué　　**獸也，似狌狌。从㲋，夬聲。〔古穴切〕**

【注釋】

段注：「《曲禮》曰：狌狌能言，不離禽獸。諸家說狌狌如狗，聲如小兒啼，其字亦作猩猩。《玉篇》《廣韻》皆曰：㲋似狸。疑『似狌狌』三字當作『似狸』二字。」

文四　重一

兔部

兔 tù　　**獸名。象踞，後其尾形。兔頭與㲋頭同。凡兔之屬皆从兔。〔湯故切〕**

【注釋】

俗作菟。古稱孌童為「兔子」或「兔兒爺」。

逸 yì　　**失也。从辵、兔。兔謾訑善逃也。〔夷質切〕**

【注釋】

本義是逃跑、丟失。「亡佚」又作「亡逸」。《左傳》：「馬逸不能止。」謂奔跑也。引申逃避、隱遁義，今有「隱逸」「逸民」；引申出安閒義，今有「勞逸結合」；安逸則放蕩、放縱，今有「驕奢淫逸」。

段注：「亡逸者，本義也。引申之為逸遊，為暇逸。兔善逃，故从兔、辵。猶隹善飛，故奪从手持隹而失之。皆亡逸之意。」

冤 yuān　　**屈也。从兔，从冖。兔在冖下，不得走，益屈折也。〔於袁切〕**

【注釋】

本義是不能伸展。古亦叚宛為冤。

引申出今冤屈義，引申出仇恨義，今有「冤家」「冤孽」。又引申有欺騙義（方言詞），今有「不許冤人」。今冤有徒然、白費義，如「花冤錢」「白跑一趟，真冤」，謂白白花錢，真徒勞也。

枉亦有屈義，有冤屈義，有徒然、白費義，同步引申也。今河南方言有「這個人在村子裏很冤」的說法，謂此人懦弱無能，不能揚眉吐氣也，亦屈不得伸展之義也。

娩 fàn　　兔子也。娩，疾也。从女、兔。〔芳萬切〕

【注釋】

古同「嬔」，小兔。女，小也。女牆，小牆也。故從女、兔。

段注：「《釋獸》曰：兔子，娩。本或作嬔。按《女部》曰：嬔，生子齊均也。此云：娩，兔子也。則二字義別矣。」

㲜 fù　　疾也。从三兔。闕。〔芳遇切〕

【注釋】

赴為快跑，同源詞也。

段注：「《玉篇》《廣韻》皆曰：『急疾也。今作趕。』《少儀》曰：毋拔來，毋報往。注云：『報，讀為赴疾之赴。拔、赴皆疾也。』按赴、趕皆即㲜字，今字㲜、趕皆廢矣。」

文五

䨲 jùn　　狡兔也。从兔，夋聲。〔七旬切〕

文一 新附

萈部

萈 huán　　山羊細角者。从兔足，苜聲。凡萈之屬皆从萈。讀若丸。寬字从此。〔臣鉉等曰：苜，徒結切，非聲，疑象形。〕〔胡官切〕

【注釋】

俗作㹄。寬從莧聲。

文一

犬部

犬  quǎn　　**狗之有縣蹄者也。象形。孔子曰：視犬之字如畫狗也。凡犬之屬皆从犬。〔苦泫切〕**

【注釋】

犬，懸也。聲訓也。狗中有懸空而不著地的蹄子的那種，叫作犬。「虎牙」又稱犬齒。今謙稱自己的兒子為「犬子」，女兒為「弱息」。

段注：「有縣蹄謂之犬，叩氣吠謂之狗，皆於音得義。此與後蹄廢謂之㲋，三毛聚居謂之豬，竭尾謂之豕，同明一物異名之所由也。」

狗  gǒu　　**孔子曰：狗，叩也。叩氣吠以守。从犬，句聲。〔古厚切〕**

【注釋】

《爾雅》：「熊虎醜，其子狗。」醜，類也。熊虎類的動物，它們的小崽子都叫狗。狗也是小動物的泛稱，因其脊背彎曲也。從句之字多有彎曲義，見前「句」字注。

段注：「許書有扣無叩，扣訓牽馬也，疑古本有叩字，而許逸之。叩，觸也，从卩，口聲。叩氣者，出其氣也。一說叩即敂之俗。敂者，擊也，凡以此擊彼皆曰敂。犬敂氣吠，亦是以內禦外。按《釋獸》云：未成豪，狗。與『馬二歲曰駒，熊虎之子曰豿』同義，皆謂稚也。」

㹠 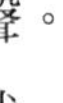 sōu　　**南越名犬獿㹠。从犬，叜聲。〔所鳩切〕**

【注釋】

古同「蒐」，古代君主春天圍獵。段注：「獿㹠疊韻字，南越人名犬如是，今江浙尚有此語。」使犬聲謂之嗾。

尨  máng　　**犬之多毛者。从犬，从彡。《詩》曰：無使尨也吠。〔莫江切〕**

【注釋】

即多毛狗，引申雜亂、雜色義，《左傳》：「衣之尨服，遠其躬也。」今有「尨雜」。又通龐，大也，《黔之驢》：「虎見之，尨然大物也。」

段注：「引申為雜亂之稱，《小戎》箋曰『蒙尨』是也。牛白黑雜毛曰牻，雜語曰哤，皆取以會意。」

狡 jiǎo　　少狗也。从犬，交聲。匈奴地有狡犬，巨口而黑身。〔古巧切〕

【注釋】

本義是少壯的狗。「狡犬」謂少壯的狗。引申為狡猾，引申為健壯，《淮南子》：「狡狗之死。」引申為兇暴義，《墨子》：「猛禽狡獸。」

段注：「《淮南・俶真訓》：狡狗之死也，割之有濡。高注：狡，少也。引申為狂也、滑也、疾也、健也。」

獪 kuài　　狡獪也。从犬，會聲。〔古外切〕

【注釋】

狡猾也，今有「狡獪」。

獿 nóng　　犬惡毛也。从犬，農聲。〔奴刀切〕

【注釋】

多毛狗。從農之字多有濃密、厚重義，見前「襛」字注。

猲 xiē　　短喙犬也。从犬，曷聲。《詩》曰：載獫猲獢。《爾雅》曰：短喙犬謂之猲獢。〔許謁切〕

【注釋】

短嘴狗。從曷之字、之音多有短義，如渴（盡也）、歇（停也）、楬（小木樁）、竭（盡也）、節（約也）。

段注：「猲獢，各本奪此二字，今依全書通例補，雙聲字也。」

獢 xiāo　　猲獢也。从犬，喬聲。〔許喬切〕

獫 xiǎn　長喙犬。一曰：黑犬黃頭。从犬，僉聲。〔虛檢切〕

【注釋】

長嘴狗。又作獫狁字，匈奴也。

狂 zhù　黃犬，黑頭。从犬，主聲。讀若注。〔之戍切〕

猈 bài　短脛狗。从犬，卑聲。〔薄蟹切〕

【注釋】

短腿狗。卑聲，聲兼義也。王筠《句讀》：「即今之（哈）巴狗。」

猗 yī　犗犬也。从犬，奇聲。〔於離切〕

【注釋】

閹割的狗。

今借為語氣助詞，相當於兮。「猗與」，歎詞，表讚美，或作「猗歟」；「猗柅」，柔順貌，又作「旖旎」。常通「倚」，靠也，《詩經》：「猗重較兮。」

段注：「犬曰猗，如馬曰騬、牛曰犗、羊曰羠，言之不妨通互耳。有用為歎詞者，《齊風》傳曰：猗嗟，歎辭。《商頌》傳曰：猗，歎辭。《衛風》傳曰：猗猗，美盛皃。《檜風》傳曰：猗儺，柔順也。

《節南山》傳曰：猗，長也。皆以音叚借也。有叚為兮字者，《魏風》：清且漣猗、清且直猗、清且淪猗，是也。有叚為加字者，《小雅》：猗于畝丘。是也。有叚為倚字者，《小雅》：有實其猗。是也。」

狊 jú　犬視貌。从犬、目。〔古闃切〕

【注釋】

闃從此聲。

猎 yān　竇中犬聲。从犬，从音，音亦聲。〔乙咸切〕

默 mò　犬暫逐人也。从犬，黑聲。讀若墨。〔莫北切〕

【注釋】

本義典籍未見。暫，突然也。段注：「假借為人靜穆之稱，亦作嘿。」據段注，今沉默字乃穆之假借也。

猝 cù　犬从艸暴出逐人也。从犬，卒聲。〔粗沒切〕

【注釋】

本義是犬從草中突然出來追人，泛指倉猝、猝然。今有「猝死」。段注：「叚借為凡猝乍之稱，古多叚卒字為之。」

猩 xīng　猩猩，犬吠聲。从犬，星聲。〔桑經切〕

【注釋】

此本義也，今作為動物名。

段注：「《禮記》《爾雅》皆有猩猩，《記》曰：猩猩能言。猩猩亦作狌狌，許不錄狌字，猩字下亦不言獸名，豈以形乍如犬因之得名故與？」

獫 xiàn　犬吠不止也。从犬，兼聲。讀若檻。一曰：兩犬爭也。〔胡黯切〕

獭 hǎn　小犬吠。从犬，敢聲。南陽新亭有獭鄉。〔荒檻切〕

猥 wěi　犬吠聲。从犬，畏聲。〔烏賄切〕

【注釋】

段注：「此本義也。《廣韻》曰：鄙也。今義也。」

本義典籍罕見，常用義為眾多也，今有「猥濫」；瑣碎、雜亂也，今有「猥雜」「猥瑣」；卑賤、下流義，今有「猥褻」；引申為謙辭，猶辱也，《出師表》：「先帝不以臣卑鄙，猥自枉屈，三顧臣於草廬之中。」

獿 náo　獿獿也。从犬、夒。〔女交切〕

【注釋】

狗受驚，古又同「猱」。

段注：「獿，此複舉字之未刪者，玃也。《夂部》夒，今作猱、作猱。獿則別一字，別一義。」

獿 xiāo　　犬獿獿咳吠也。从犬，翏聲。〔火包切〕

獑 shǎn　　犬容頭進也。从犬，參聲。一曰：賊疾也。〔山檻切〕

獎 jiǎng（獎）　　嗾犬厲之也。从犬，將省聲。〔即兩切〕

【注釋】

隸變作獎，簡化作奖。本義是驅使狗猛進。

段注：「《口部》：嗾，使犬聲也。厲之，猶勉之也，引申為凡勸勉之稱。《方言》曰：『自關而西秦晉之間相勸曰聳，或曰獎。中心不欲而由旁人之勸語亦曰聳，凡相被飾亦曰獎。』俗作獎。」

常用義是勸勉、勉勵，《小爾雅》：「獎，勸也。」《出師表》：「當獎率三軍。」獎勵義乃後起義，《廣雅》：「獎，譽也。」勸亦有此引申路徑，同步引申也。又有輔助義，《左傳》：「皆獎王室，無相害也。」

獲 chǎn　　齧也。从犬，戔聲。〔初版切〕

狦 shàn　　惡健犬也。从犬，刪省聲。〔所晏切〕

狠 yán / hěn　　吠鬥聲。从犬，艮聲。〔五還切〕

【注釋】

本義是犬爭鬥的聲音。今作惡狠狠字，本字當作很。

段注：「犬，各本作吠，今依宋本及《集韻》正。今俗用狠為很，許書很、狠義別。」《說文》：「很，不聽從也。」很本義是不順從，如「猛如狼，很如羊」。引申出兇狠義。

獝 fán　　犬鬥聲。从犬，番聲。〔附袁切〕

狋 yí　　犬怒貌。从犬，示聲。一曰：犬難得。代郡有狋氏縣。讀又若

銀。〔語其切〕

狋 yín（狺）　犬吠聲。从犬，斤聲。〔語斤切〕

【注釋】

俗作狺。段注：「《九辨》：猛犬狺狺而迎吠。狺即狋字。」

獡 shuò　犬獡獡不附人也。从犬，舄聲。南楚謂相驚曰獡。讀若愬。〔式略切〕

獷 guǎng　犬獷獷不可附也。从犬，廣聲。漁陽有獷平縣。〔古猛切〕

【注釋】

獷獷，強悍貌。引申為粗野，今有「粗獷」。

段注：「引申為凡麤惡皃之稱，《漢書》曰：獷獷亡秦。」

狀 zhuàng　犬形也。从犬，爿聲。〔鉏亮切〕

【注釋】

本義是犬的形狀。段注：「引申為形狀，如類之引申為同類也。」簡化字作状，草書楷化字形也。

引申為情形義，「無狀」謂不像樣也，《史記》：「秦中吏卒遇之多無狀。」又指無功勞、無成績，《史記》：「鯀治水無狀。」引申出陳述、描繪義，今有「寫景狀物」。引申為陳述事件的文字，如「訴狀」「獎狀」。

奘 zàng（奘）　妄彊犬也。从犬，从壯，壯亦聲。〔徂朗切〕

【注釋】

今隸變作奘。妄強者，同義連文，猛也。即猛犬。引申為壯大，常用於人名，唐僧名玄奘。

獒 áo　犬如人心可使者。从犬，敖聲。《春秋傳》曰：公嗾夫獒。〔五牢切〕

【注釋】

犬高四尺為獒，本義是大狗。從敖之字多有高大義，見前「敖」字注。

段注：「知，一作如。《公羊傳》曰：靈公有周狗謂之獒。何注：周狗，可以比周之狗，所指如意者。《釋嘼》曰：犬高四尺曰獒。」

獳 nóu / nòu　**怒犬貌。从犬，需聲。讀若槈。〔奴豆切〕，又〔乃侯切〕**

狧 tà　**犬食也。从犬，从舌。讀若比目魚鰈之鰈。〔他合切〕**

狎 xiá　**犬可習也。从犬，甲聲。〔胡甲切〕**

【注釋】

本義是犬可以親近，泛指親近。

引申為親近而不莊重，如「狎妓」。引申輕侮、輕視義，《韓非子》：「狎徐君。」《左傳》：「水懦弱，民狎而玩之，則多死焉。」引申安於、習慣於，《爾雅》：「狎，習也。」習亦有親近、習慣義，同步引申也。

《國語》：「未狎君政，故未承命。」狎者，易也。易有輕視義，也有更替義，故狎亦有此二義，同步引申也。如《左傳》：「晉楚狎主諸侯之盟也久矣。」狎，更替也。

段注：「引申為凡相習之稱。古叚甲為之，《衛風》傳曰：甲，狎也。此言叚借也。」

狃 niǔ　**犬性驕也。从犬，丑聲。〔女久切〕**

【注釋】

段注：「狃本謂犬性之忕，引申假借為凡忕習之稱。《鄭風》傳曰：狃，習也。」「忕」謂習慣於幹某事。

本義是習慣，習以為常而不加重視，《詩經》：「將叔無狃，戒其傷女。」引申有熟習、習慣義，如「上不能狃習而知其事」。狎亦有此二義，同步引申也。引申為因襲、拘泥，如「狃於習俗」「狃於成見」。引申為貪也，《國語》：「嗛嗛之食，不足狃也。」

犯 fàn　　侵也。从犬，㔾聲。〔防險切〕

【注釋】

本義是侵犯。引申害義，《國語》：「大川潰而所犯必大矣。」

猜 cāi　　恨賊也。从犬，青聲。〔倉才切〕

【注釋】

恨賊，忌恨以致於殘害。

本義是忌恨，《左傳·僖公九年》：「耦俱無猜。」杜注：「兩無猜恨。」《方言》：「猜，恨也。」常用義是懷疑，古詩有「兩小無嫌猜」，嫌者，疑也。嫌猜，同義連文，今有「兩小無猜」。猜在古代不作猜測講。

猛 měng　　健犬也。从犬，孟聲。〔莫杏切〕

【注釋】

本義是兇猛的狗。引申為兇猛，引申為嚴厲也，《左傳》：「大叔為政，不忍猛而寬。」

犺 kàng　　健犬也。从犬，亢聲。〔苦浪切〕

【注釋】

今「健康」之本字也。康之本義是穀皮，即糠之初文，非本字明矣。段注：「本謂犬，引申謂人。《廣韻》曰：猰犺，不順。」

狯 qiè（怯）　　多畏也。从犬，去聲。〔去劫切〕 杜林說：狯从心。

【注釋】

今通行重文怯字。

獜 lín　　健也。从犬，粦聲。《詩》曰：盧獜獜。〔力珍切〕

【注釋】

今《詩經》作「盧令令」。盧，黑毛獵犬。

段注：「《廣韻》引『犬健也』，今本奪犬字。《毛詩》作令令，纓環聲。許蓋取三家詩也。」

獧 juàn　　疾跳也。一曰：急也。从犬，瞏聲。〔古縣切〕

【注釋】

段注：「獧、狷古今字。今《論語》作狷，《孟子》作獧，是也。《論語》曰：狂者進取，狷者有所不為也。大徐別增狷篆，非。」

常用義是心胸狹窄、急躁，今有「狷急」。引申有耿直義，如「狷介」，同義連文。

倏 shū　　走也。从犬，攸聲。讀若叔。〔式竹切〕

【注釋】

本義是跑，引申為急速義，今有「倏而遠逝」。

段注：「犬走疾也。依《韻會》本訂。引申為凡忽然之詞，或叚儵字為之。」

狟 huán　　犬行也。从犬，亘聲。《周禮》曰：尚狟狟。〔胡官切〕

【注釋】

段注：「今作桓桓，許用孔壁中古文也，《釋訓》曰：桓桓，威也。《魯頌》傳曰：桓桓，威武貌。然則狟狟者，桓桓之假借字。」

㹀 bó　　過弗取也。从犬，宋聲。讀若孛。〔蒲沒切〕

猲 zhé　　犬張耳貌。从犬，易聲。〔陟革切〕

猌 yìn　　犬張齗怒也。从犬，來聲。讀又若銀。〔魚僅切〕

【注釋】

憖願字從此聲。

犮 bá　　走犬貌。从犬，而厂之。曳其足，則刺犮也。〔蒲撥切〕

【注釋】

剌犮者，即狼狽也，一語之轉，今有「狼狽不堪」。段注：「犮與癶音義同，癶下曰：足剌癶也。」

戾 lì　　曲也。从犬，出戶下。戾者，身曲戾也。〔郎計切〕

【注釋】

本義是違背、不順，今有「乖戾」。常用義到也，《爾雅》：「戾，至也。」《詩經》：「鳶飛戾天。」殘暴也，今有「暴戾恣睢」。罪過也，《爾雅》：「戾，罪也。」

段注：「了戾、乖戾、很戾皆其義也，引申之訓為罪。又訓為至、訓為來、訓為止、訓為待、訓為定，皆見《釋詁》、毛傳，皆於曲引申之。曲必有所至，故其引申如是。《釋言》曰：疑、休，戾也。」

獨 dú　　犬相得而鬥也。从犬，蜀聲。羊為群，犬為獨也。一曰：北囂山有獨㺜獸，如虎，白身，豕鬣，尾如馬。〔徒谷切〕

【注釋】

古有「鰥寡孤獨」，少而無父曰孤，老而無子曰獨。「獨夫」謂獨身男子，又謂殘暴的統治者，如「獨夫之心，千萬人之心」。作虛詞表反問，相當於難道，《史記》：「相如雖駑，獨畏廉將軍哉？」

段注：「犬好鬥，好鬥則獨而不群，引申叚借之為專壹之稱。《小雅・正月》傳曰：獨，單也。《孟子》曰：老而無子曰獨。《周禮・大司寇》注曰：無子孫曰獨。戾、獨等字皆叚借義行而本義廢矣。」

㺜 yù　　獨㺜，獸也。从犬，谷聲。〔余蜀切〕

【注釋】

獨㺜，獸名，如虎而白身。

獮 xiǎn（獮）　　秋田也。从犬，璽聲。〔息淺切〕 禰，或从豕。宗廟之田也，故从豕、示。

【注釋】

隸省作獮，今簡化字作狝。

據《爾雅》，春天打獵叫搜（蒐），夏天打獵叫苗，秋天打獵叫獮，冬天打獵叫狩。康熙皇帝在關外設立木蘭圍場，每逢秋季打獵練兵，稱木蘭秋獮，嘉慶始廢。今傳世繪畫有《木蘭秋獮圖》。引申有殺義，《爾雅》：「獮，殺也。」張衡《西京賦》：「白日未及移其晷，已獮其什七八。」

段注：「獮，殺也。釋獮為殺者，以疊韻為訓。古音獮與璽同也，若《明堂位》叚省為獮，取其雙聲耳。」

獵 liè　　放獵逐禽也。从犬，巤聲。〔良涉切〕

【注釋】

放，小徐本作畋。猎乃另造之俗字。引申出搜尋義，今有「獵奇」「獵豔」。

段注：「《白虎通》曰：四時之田總名為獵。《毛詩》：不狩不獵。箋云：冬獵曰狩，宵田曰獵。此因經文重言而分別之也。引申為凌獵，為捷獵。」

獠 liáo　　獵也。从犬，尞聲。〔力昭切〕

【注釋】

《爾雅》：「宵田為獠。」本義是夜裏打獵。常用義是面貌兇惡，如「獠面」。「獠牙」謂露在嘴外的長牙。

狩 shòu　　犬田也。从犬，守聲。《易》曰：明夷於南狩。〔書究切〕

【注釋】

用狗狩獵。特指冬天打獵，泛指打獵，見上「獮」字注。帝王出外巡查謂之「巡狩」，常為帝王逃竄的隱晦說法，如「西太后巡狩西安」。

朱芳圃《殷周文字釋叢》：「獸即狩之初文，从嘼、从犬會意，犬田謂用犬田獵，嘼為獵具，所以捕禽器，犬知禽獸之跡，古守必以犬，兩者為田獵必備之條件。」

段注：「火田也。火各本作犬，不可通，今依《韻會》正。《釋天》曰：冬獵為狩。又《釋天》曰：火田為狩。許不稱冬獵而稱火田者，火田必於冬。《王制》曰：昆蟲未蟄，不以火田。故言火以該冬也。《孟子》曰：天子適諸侯曰巡狩。」

臭 chòu　　禽走臭而知其跡者，犬也。从犬，从自。〔臣鉉等曰：自，古鼻字。犬走以鼻知臭，故从自。〕〔尺救切〕

【注釋】

本義是用鼻子嗅，後加口作嗅，臭作名詞氣味字，本字為引申義所奪。臭者，泛指氣味，《周易》：「二人同心，其利斷金；同心之言，其臭如蘭。」後專指臭味。

段注：「引申叚借為凡氣息芳臭之稱。」

獲 huò（获）　　獵所獲也。从犬，蒦聲。〔胡伯切〕

【注釋】

甲骨文作，羅振玉《殷墟書契考釋》：「捕鳥在手也。」獲謂打獵，穫為收割莊稼，後皆簡化作获，获乃獲之草書楷化字形。古有「臧獲」，謂男奴隸與女奴隸也，泛指奴隸。

獘 bì（斃、毙）　　頓仆也。从犬，敝聲。《春秋傳》曰：與犬，犬獘。斃，或从死。〔毗祭切〕

【注釋】

頓仆者，同義連文，倒下也。今通行重文斃，斃之本義是倒下，死亡乃後起義。

段注：「《人部》曰：仆者，頓也。謂前覆也，人前仆若頓首然，故曰頓仆。獘本因犬仆製字，叚借為凡仆之稱。俗又引申為利弊字，遂改其字作弊，訓困也、惡也，此與改獎為奬正同。經書頓仆皆作斃，如《左傳》斃於車中、與一人俱斃，是也。今《左傳》犬獘亦作犬斃，蓋許時經書斃多作獘。」

獻 xiàn（献）　　宗廟犬名羹獻，犬肥者以獻之。从犬，鬳聲。〔許建切〕

【注釋】

簡體献字宋代已出現，献乃獻之草書楷化字形。

段注：「此說从犬之意也。《曲禮》曰：凡祭宗廟之禮，犬曰羹獻。獻本祭祀奉犬牲之稱，引申之為凡薦進之稱。按《論語》鄭注曰：獻，猶賢也。」

甲骨文作，商承祚《殷契佚存》：「獻本作从鼎从虎，或从鬲从虎，後求其便於結構，將虍形移於鼎或鬲之上，下體寫為犬形，遂成獻字。」

「文獻」者，文，典籍也；獻，賢人也。獻指熟知史實的賢人，後人多有沿用古義者。明代焦竑有《國朝獻徵錄》，清代李桓有《國朝耆獻類徵》，皆人物傳記也。

猏 yàn　　獟犬也。从犬，幵聲。一曰：逐虎犬也。〔五甸切〕

【注釋】

段注：「一曰：逐虎犬也。《廣韻》曰：逐獸犬。蓋唐人避諱改。」唐人避諱，以獸、武等字代虎字，避李淵祖父李虎也。古代一般為帝王五代祖避諱。見「祜」字注。

獟 yào　　猏犬也。从犬，堯聲。〔五弔切〕

狾 zhì　　狂犬也。从犬，折聲。《春秋傳》曰：狾犬入華臣氏之門。〔征例切〕

【注釋】

《廣雅》：「狾，狂也。」

狂 kuáng　　狾犬也。从犬，㞷聲。〔巨王切〕古文，从心。

【注釋】

本義是瘋狗。《晉書》：「旱歲，犬多狂死。」

類 lèi（类）　　種類相似，唯犬為甚。从犬，頪聲。〔力遂切〕

【注釋】

本義是類似。类乃類之省旁俗字。

常用義善也，今有「敗類」，猶毀善也。有條例義，例猶類也，高鴻縉《中國字例》，猶字類，討論文字之衍生條例也。又有大概、大率義，今有「類多如此」。

段注：「類本謂犬相似，引申叚借為凡相似之稱。《釋詁》、毛傳皆曰：類，善也。釋類為善，猶釋不肖為不善也。《左傳》：刑之頗類。叚類為纇。」

段注已經涉及到了「同步引申」理論。

狄 dí　　赤狄，本犬種。狄之為言淫辟也。从犬，亦省聲。〔徒歷切〕

【注釋】

北方少數民族稱為狄。又指野雞尾巴上的長毛，通「翟」，《禮記》：「干戚旄狄以舞之。」

段注：「北狄也。北各本作赤，誤，今正，赤狄乃錯居中國狄之一種耳。許書《虫部》曰南蠻、曰東南閩越，《大部》曰東方夷，《羊部》曰西方羌，《豸部》曰北方貉，則此必言北狄，狄與貉皆在北，而貉在東北，狄在正北。」

狻 suān　　狻麑，如虦貓，食虎豹者。从犬，夋聲。見《爾雅》。〔素官切〕

【注釋】

見前「麑」字注。或作狻猊，傳說似獅子的猛獸，能食虎豹。

段注：「虦苗謂淺毛也。《釋獸》曰：虎竊毛謂之虦苗。狻麑如虦苗，食虎豹。許所本也，於此詳之，故《鹿部》麑下只云狻麑也，全書之例如此。凡合二字成文者，其義詳於上字，同部異部皆然。」

玃 jué　　母猴也。从犬，矍聲。《爾雅》云：「玃父善顧。」攫持人也。〔俱縛切〕

【注釋】

母猴者，獼猴也，一語之轉，見前「禺」字注。玃常指大母猴，钁是大鋤頭，同源詞也。

猶 yóu（猷、犹）　　玃屬。从犬，酋聲。一曰：隴西謂犬子為猶。〔以周切〕

【注釋】

犹乃另造之俗字。

本義是獼猴，假借為猶如字。常用義有三：如也，今有「猶如」；還也，今有「記憶猶新」；尚且也，如「木猶如此，人何以堪」。

猶、猷本一字之異體，後分別異用，猷指謀略、謀劃，又指道術、方法，《詩經》：「秩秩大猷。」物理學家有吳大猷。故猶亦有此二義，《詩經》：「方叔無老，克壯其猶。」謀也。

段注：「《釋詁》曰：猷，謀也。《釋言》曰：猷，圖也。《召南》傳曰：猶，若也。《說文》：圖者，畫也，計難也。謀者，慮難也。圖謀必酷肖其事而後有濟，故圖也、謀也、若也為一義。今字分猷謀字犬在右，語助字犬在左，經典絕無此例。」

又段注：「《釋獸》曰：猶如麂，善登木。許所說謂此也。《曲禮》曰：使民決嫌疑，定猶豫。《正義》云：『《說文》：猶，玃屬。豫，象屬。此二獸皆進退多疑，人多疑惑者似之，故謂之猶豫。』

按：古有以聲不以義者，如猶豫雙聲，亦作猶與，亦作冘豫，皆遲疑之皃。《老子》：豫兮如冬涉川，猶兮若畏四鄰。《離騷》：心猶豫而狐疑。以猶豫二字皃其狐疑耳。李善注《洛神賦》乃以猶獸多豫，狐獸多疑對說，王逸注《離騷》絕不如此，《禮記正義》則又以猶與豫二獸對說，皆郢書燕說也。如《九歌》：君不行兮夷猶。王逸即以猶豫解之，要亦是雙聲字。」

段氏揭示了聯綿詞以聲表義、不可分訓的特點。

狙 jū　玃屬。从犬，且聲。一曰：狙，犬也，暫齧人者。一曰：犬不齧人也。〔親去切〕

【注釋】

本義是獼猴，成語有「朝三暮四」者，養猴之人稱為狙公。常用義為窺伺，今有「狙擊」。

段注：「自假借為覷字而後讀去聲。狙司即覷伺也，《倉頡篇》曰：狙，伺候也。《史》《漢》：狙擊秦皇帝。狙，伺也。此皆千恕切。《方言》：自關而西曰素，或曰狙。郭注：狙，伺也。」

猴 hóu　夒也。从犬，侯聲。〔乎溝切〕

【注釋】

段注：「母猴乃此獸名，非謂牝者。沐猴、獼猴皆語之轉，字之訛也。陸佃據柳子厚之言曰：蝯（猿）靜而猴躁，其性迥殊。按許書亦猴與蝯別，析言之也。若蝯下曰禺屬，禺下曰母猴屬，毛傳曰：猱，猿屬。猱即《說文》之夒字，是二者可相為屬而非一物也。《爾雅》曰：猱蝯善援。謂二者一類。」

㺉 hù　犬屬。腰已上黃，腰已下黑，食母猴。从犬，㱿聲。讀若構。或曰：㺉似牂羊，出蜀北囂山中，犬首而馬尾。〔火屋切〕

狼 láng　似犬，銳頭，白頰，高前，廣後。从犬，良聲。〔魯當切〕

【注釋】

廣者，寬也。

「狼煙」謂古代報警的烽火，據說用狼糞燃燒。「狼戾」，兇狠也，如「董卓狼戾殘忍」。又指散亂、雜亂也，如「涕流狼戾不止」。「狼藉」謂散亂，又指行為散亂不法，《後漢書》:「聞其兒為吏，放縱狼藉。」

狛 pò　如狼，善驅羊。从犬，白聲。讀若蘗。寧嚴讀之若淺泊。〔匹各切〕

【注釋】

一種似狼而有角的野獸。

獌 màn　狼屬。从犬，曼聲。《爾雅》曰：貙、獌，似狸。〔舞販切〕

【注釋】

一種狼一類的野獸，像狸。

段注：「《釋獸》曰：貙似狸。郭云：今貙虎也，大如狗，文似狸。《釋獸》又曰：貙、獌，似狸。郭云：今山民呼貙虎之大者為貙豻。按郭語則二條一物也，故許貙下、獌下皆稱貙獌似狸。」

狐 hú　䄏獸也。鬼所乘之，有三德：其色中和，小前大後，死則丘首。从犬，瓜聲。〔戶吳切〕

【注釋】

小徐本「䄏」作「妖」，小徐多用俗字。

獺 tǎ　如小狗也，水居，食魚。从犬，賴聲。〔他達切〕

【注釋】

即水獺也。「獺祭魚」指水獺捕魚後，常將魚陳列水邊，如同陳列祭祀供品，後比喻機械羅列故事，堆砌成文。

猵 biān　獺屬。从犬，扁聲。〔布玄切〕 或从賓。

猋 biāo　犬走貌。从三犬。〔甫遙切〕

【注釋】

謂犬跑也。暴風謂之飆，同源詞也。

段注：「引申為凡走之稱，《九歌》：猋遠舉兮雲中。王注：猋，去疾皃。《爾雅》：扶搖謂之猋。作此字。」

文八十三　重五

狘 xuè　獸走貌。从犬，戉聲。〔許月切〕

獋 huī　獸名。从犬，軍聲。〔許韋切〕

狷 juàn　褊急也。从犬，肙聲。〔古縣切〕

【注釋】

本義是心胸狹窄、急躁，常「狷急」連用。又有耿直義，如「狷介」。見前「獧」字注。

猰 yà　猰貐，獸名。从犬，契聲。〔烏黠切〕

【注釋】

又稱「窫窳」，古代傳說中的一種吃人怪獸，像貙，虎爪，奔跑迅速。

文四　新附

㹜部

㹜 yín　兩犬相齧也。从二犬。凡㹜之屬皆从㹜。〔語斤切〕

𤞞 sī　司空也。从㹜，𦣝聲。復說獄司空。〔息茲切〕

【注釋】

此「窺伺」之本字也。

段注：「司空也。此空字衍，司者今之伺字，以司釋𤞞，以疊韻為訓也，許書無伺字，以司為之。《玉篇》𤞞注云：『察也，今作伺、覗。』按希馮直以𤞞為伺、覗之古字，蓋用許說也。其字从㹜，蓋謂兩犬吠守，伺察之意。」

周代的司空跟漢代的司空職權不一樣，周代管土木建築，漢代管刑獄，類似周代之司寇。周時有冬官大司空，為六卿之一，掌水土營建之事。秦無司空，置御史大夫，漢初沿置，成帝時改御史大夫為大司空。後多有更名，或稱御史大夫，或稱司空，至明始廢。隋唐之世，設六部，後因通稱工部尚書為大司空。

獄 yù（狱）　　**确也。从㹜，从言。二犬，所以守也。〔魚欲切〕**

【注釋】

确者，堅牢也。此聲訓。狱乃草書楷化字形。

獄之本義是官司，如「冤獄」「文字獄」。古有「折獄」，猶今之斷案也。折，斷也。《說文》：「曹，獄之兩曹也。」謂打官司的原告和被告。監獄是後起義。古代叫監，叫牢，不叫獄。

段注：「《韓詩》曰：宜犴宜獄。鄉、亭之係曰犴，朝廷曰獄。獄字从㹜者，取相爭之意。」

文三

鼠部

鼠 shǔ　　**穴蟲之總名也。象形。凡鼠之屬皆从鼠。〔書呂切〕**

【注釋】

段注：「其類不同而皆謂之鼠。引申之為病也，見《釋詁》。《毛詩·正月》作癙，《雨無正》作鼠，實一字也。」

鼶 fán　　**鼠也。从鼠，番聲。讀若樊。或曰：鼠婦。〔附袁切〕**

【注釋】

白老鼠也。番聲，聲兼義。皤者，老人白也，泛指白。

段注：「三字為句，各本皆刪一字，淺人所為也，以下皆同。《廣雅》謂之白鼶，王氏念孫曰：鼶之言皤也。《釋蟲》曰：蟠，鼠負。蟠即鼶字，負即婦字，今之甕底蟲也。《虫部》又云：蛜威，委黍。委黍，鼠婦也。」

鼢 hé　　**鼠，出胡地，皮可作裘。从鼠，各聲。〔下各切〕**

【注釋】

連篆為讀。

鼢 fén（蚡） 地中行鼠，伯勞所化也。一曰：偃鼠。从鼠，分聲。〔芳吻切〕蚡或从虫、分。

【注釋】

在地下打洞，亦稱「盲鼠」「地羊」。偃鼠者，聲兼義也，匽者，匿也。《莊子》：「偃鼠飲河，不過滿腹。」後形容胃口不大，要求不高。漢代有田蚡，也寫作田鼢，漢武帝舅舅武安侯。

段注：「《釋獸》有鼢鼠。郭云：地中行者。陶隱居云：鼴鼠，一名隱鼠，一名鼢鼠，常穿耕地中，討掘即得。《蘇頌圖經》曰：『即化為鴽者也。』按依許氏說，百勞化田鼠，而田鼠化鴽，物類遞嬗，有如斯矣。《方言》謂之犂鼠，犂即犁字，自其場起若耕言之則曰犁鼠。偃鼠俗作鼴鼠。」

𪕹 píng 𪕹令鼠。从鼠，平聲。〔薄經切〕

【注釋】

又名山鼠，俗名紅毛耗子，體粗肥，四肢短小。

鼶 sī 鼠也。从鼠，虒聲。〔息移切〕

【注釋】

大田鼠。

䶉 liú 竹鼠也，如犬。从鼠，留省聲。〔力求切〕

【注釋】

或作⿰鼠畱。竹鼠，生活在竹林中，專吃竹根及嫩莖的鼠。

鼫 shí 五技鼠也。能飛，不能過屋；能緣，不能窮木；能游，不能渡谷；能穴，不能掩身；能走，不能先人。从鼠，石聲。〔常隻切〕

【注釋】

即「五技鼠」，或叫大飛鼠。形似松鼠，能從樹上飛降下來，住在樹洞中，晝伏夜出。《詩經·碩鼠》篇，馬瑞辰《毛詩傳箋通釋》謂碩鼠當為鼫鼠，恐非。本字可通，不言假借也。

段注：「《詩·魏風》鄭箋云：碩，大也。不言五技，是《詩》碩鼠非鼫鼠。崔豹《古今注》乃云：『螻蛄，一名鼫鼠，有五能而不成技術。』此語殊誤，螻蛄不妨名鼫鼠，要不得云有五技也。」

鼨 zhōng　豹文鼠也。从鼠，冬聲。〔職戎切〕 籀文省。

【注釋】

即鼮鼠，小形體老鼠。從廷之字多有小義。

𪕹 è　鼠屬。从鼠，益聲。〔於革切〕 或从豸。

鼷 xī　小鼠也。从鼠，奚聲。〔胡雞切〕

【注釋】

甘口鼠，口有毒，咬人不痛。奚，大也，相反為義也。奚也有小義，小河流為溪；小徑叫蹊；小豬叫豯。

段注：「鼷鼠，鼠中之微者。《玉篇》云：有螫毒，食人及鳥獸皆不痛，今之甘口鼠也。」

鼩 qú　精鼩鼠也。从鼠，句聲。〔其俱切〕

【注釋】

一種小形老鼠，會鑽地，又叫「鼱鼩」或「鼩鼱」。食蟲類動物，形似小鼠，體小尾短嘴尖。「鼩洞」謂鼠洞也。動畫片《黑貓警長》中報警者即此鼠。李時珍《本草綱目》：「鼩鼱，似鼠而小，即今地鼠也。」徐珂《清稗類鈔》：「水鼠，口吻尖小如鼩鼱。」

段注：「《爾雅》謂之鼩鼠。郭注：小鼱鼩也，亦名鼮鼩。《漢書·東方朔傳》如淳注曰：『鼱鼩，小鼠也。音精劬。』據《爾雅》釋文，《字林》有鼱字。」

鼸 xiàn　䶛也。从鼠，兼聲。〔丘檢切〕

【注釋】

香鼠也，以頰藏食。兼聲，聲兼義。嗛，口有所銜也。

鼢 hán　　鼠屬。从鼠，今聲。讀若含。〔胡男切〕

鼬 yòu　　如鼠，赤黃而大，食鼠者。从鼠，由聲。〔余救切〕

【注釋】

今黃鼠狼也。會放臭屁者，謂之臭鼬。段注：「如鼠，小徐作如鼦。鼦乃俗貂字，貂，鼠屬也。」

鼩 zhuó　　胡地風鼠。从鼠，勺聲。〔之若切〕

【注釋】

風鼠，一種鼠，能飛，並能吃虎豹。又指鼤鼠，一種好吃粟豆的鼠。

段注：「郭注《爾雅》鼤鼠云：『形大如鼠，頭似兔，尾有毛，青黃，好在田中食粟豆，關西呼為鼩鼠。見《廣雅》，音雀。』按《廣雅》云：鼩鼠，鼤鼠。與景純皆合鼩、鼤為一物，以《說文》正之，鼤與鼩迥非一物也，蓋俗語有移易其名者耳。」

鼧 rǒng　　鼠屬。从鼠，冗聲。〔而隴切〕

鼒 zī　　鼠，似雞，鼠尾。从鼠，此聲。〔即移切〕

【注釋】

連篆為讀。一種像雞而長有鼠毛的小動物。

鼲 hún　　鼠，出丁零胡，皮可作裘。从鼠，軍聲。〔乎昆切〕

【注釋】

連篆為讀。體小，背部灰色，腹部白色，尾毛蓬鬆，毛皮柔軟如絨，可作衣物，俗稱「灰鼠」。

段注：「丁零國出名鼠皮，青昆子、白昆子皮。王氏引之云：『昆子即鼲子也。』《後漢書．鮮卑傳》云：鮮卑有貂、豽、鼲子，皮毛柔軟，天下以為名裘。按今俗語通曰灰鼠，聲之轉也，如揮、翬皆本軍聲。」

鼸 hú　　斬鼸鼠。黑身，白腰若帶，手有長白毛，似握版之狀，類蝯蜼之屬。从鼠，胡聲。〔戶吳切〕

【注釋】

又作「獑猢」，猿類動物。段注：「其字或作蟖胡，或作獑胡，或作獑猢，或作鼸鶘。」

文二十　重三

能部

能 néng　　熊屬，足似鹿。从肉，以（㠯）聲。能獸堅中，故稱賢能。而強壯，稱能傑也。凡能之屬皆从能。〔臣鉉等曰：以非聲，疑皆象形。〕〔奴登切〕

【注釋】

本義是熊，假借為賢能字，故另造熊字。

徐灝《說文解字注箋》：「能，古熊字，假借為賢能字，後為借義所專，遂以火光之熊為獸名之能，久而昧其義。」

常用義和睦也，《詩經》：「柔遠能邇，以定我王。」今有「素不相能」，這個意義多用在「不相能」這個詞組裏。能近代又產生這樣義，汪藻《即事》：「雙鷺能忙翻白雪，平疇許遠漲清波。」能、許同義對文。《詩經·芄蘭》：「芄蘭之支，童子佩觿。雖則佩觿，能不我知。」能，而也，一聲之轉。

段注：「《左傳》《國語》皆云：晉侯夢黃能入於寢門。韋注曰：能似熊。凡《左傳》《國語》能作熊者，皆淺人所改也。賢能、能傑之義行而本義幾廢矣。」

文一

熊部

熊 xióng　　獸，似豕，山居，冬蟄。从能，炎省聲。凡熊之屬皆从熊。〔羽弓切〕

羆 pí　　如熊，黃白文。从熊，罷省聲。〔彼為切〕 古文，从皮。

【注釋】

罴乃草書楷化俗字。林義光《文源》:「羆，此後出字，疑無本字，借罷字為之，後因加火而成。」

羆形體更大，「熊羆」皆為猛獸，比喻勇士或軍隊，或比喻輔佐的賢臣。「熊羆入夢」謂祝人生男子，《詩經》:「維熊維羆，男子之祥。」毛澤東詩:「獨有英雄驅虎豹，更無豪傑怕熊羆。」

文二 重一

火部

火 huǒ **燬也。南方之行，炎而上。象形。凡火之屬皆从火。〔呼果切〕**

【注釋】

燬者，火也。五行中，火屬南方，南方丙丁火，古「丙丁」代指火。見「丙」字注。古代兵制，十人為一火，共灶而食，「火伴」謂共灶而食之人，後指伴侶，後來寫作「伙」。引申為紅色，如「火雞」「火狐」。

「七月流火」，火指大火星，是東方七宿之一的心宿第二星，乃恒星，非指行星火星。火星漢以前叫熒惑，因其熒熒似火，使人迷惑，故稱。漢以後五行和五大行星對應，才叫火星。

炟 dá **上諱。〔臣鉉等曰：漢章帝名也。《唐韻》曰：火起也。〕从火，旦聲。〔當割切〕**

【注釋】

本義是火起。「炟爚」謂光輝照耀貌。東漢章帝名劉炟。

段注:「炟之字曰著，按許書本不書其篆，但曰上諱，後人補書之。次於此者，尊上也。《玉篇》曰：爆也。《廣韻》曰：火起也。」

焜 huǐ **火也。从火，尾聲。《詩》曰：王室如焜。〔許偉切〕**

【注釋】

焜、燬今為一字之異體，本義是烈火，引申為燃燒義。

段注:「今《詩》作燬。毛傳：燬，火也。按《爾雅》亦作燬，《釋言》曰：燬，火也。《方言》曰：『焜，火也。楚轉語也，猶齊言娓也。』燬、娓實一字，《方言》齊曰娓，即《爾雅》郭注之『齊曰燬』也。俗乃強分為二字二音，且臆造齊人曰燬、吳人曰娓之語，又於《說文》別增燬篆。」

燬 huǐ　火也。从火，毀聲。《春秋傳》曰：衛侯燬。〔許偉切〕

燹 xiǎn　火也。从火，豩聲。〔穌典切〕

【注釋】

野火也。特指兵火、戰火，如「烽燹」。今有「兵燹」，戰亂也。

焌 jùn / qū　然火也。从火，夋聲。《周禮》曰：「遂炊其焌。」焌火在前，以焞焯龜。〔子寸切〕，又〔倉聿切〕

【注釋】

點火燒。

尞 liào　柴祭天也。从火，从昚。昚，古文慎字，祭天所以慎也。〔力照切〕

【注釋】

燒柴祭祀上天。

然 rán　燒也。从火，肰聲。〔臣鉉等曰：今俗別作燃，蓋後人增加。〕〔如延切〕 䕼 或从艸、難。〔臣鉉等案：《艸部》有蘸，注云：艸也。此重出。〕

【注釋】

然之本義是燃燒，後假借為忽然字，原字被借義所專，故加火作燃。段注：「通叚為語詞，訓為如此，爾之轉語也。」

《楚辭·山鬼》：「山中人兮芳杜若，飲石泉兮蔭松柏，君思我兮然疑作。」「然疑」同義連文，然亦疑也。《廣雅》：「貳，然也。」貳有疑義，貳、然一聲之轉也。橪，一作樲。書名有《諸史然疑》《然疑錄》《石鼓然疑》等，正是對古語之沿用。

爇 ruò　　燒也。从火，䕭聲。《春秋傳》曰：爇僖負羈。〔臣鉉等曰：《說文》無䕭字，當从火从艸，熱省聲。〕〔如劣切〕

【注釋】

燃燒也。

燔 fán　　爇也。从火，番聲。〔附袁切〕

【注釋】

燒也，《韓非子》：「燔《詩》《書》而明法令。」又指烤也，《詩經》：「炮之燔之。」

段注：「按許鐇與燔字別。鐇者，宗廟火炙肉也。此因一从火，一从炙而別之。毛於《瓠葉》傳曰：加火曰燔。於《生民》傳曰：傅火曰燔。古文多作燔，不分別也。」

燒 shāo　　爇也。从火，堯聲。〔式昭切〕

烈 liè　　火猛也。从火，列聲。〔良薛切〕

【注釋】

本義是火比較猛。「激烈」者，原義是水急火猛。

引申放火燒義，《孟子》：「益烈山澤而焚之。」炎帝神農氏又叫烈山氏。引申出光明、顯赫義，《爾雅》：「烈，光也。」《國語》：「君有烈名。」段注：「引申為光也，業也。」

引申出事業、功業義，《爾雅》：「烈、績，業也。」「烈士」謂剛烈之士，又指積極建功之人，所謂「烈士暮年，壯心不已」也。《射雕英雄傳》金人有完顏洪烈者，洪烈，大業也。

炪 zhuō　　火光也。从火，出聲。《商書》曰：予亦炪謀。讀若巧拙之拙。〔職悅切〕

【注釋】

火不燃，古通「拙」。

熚 bì　　熚䙟，火貌。从火，畢聲。〔卑吉切〕

【注釋】

火盛貌。泉水湧出謂之觱沸，大風吹物謂之觱發，皆同源詞也。段注：「熚𤎅疊韻字，如《水部》之畢沸。」

𤎅 fú　　熚𤎅也。从火，𩁹聲。𩁹，籀文悖字。〔敷勿切〕

烝 zhēng　　火气上行也。从火，丞聲。〔煮仍切〕

【注釋】

今蒸之初文及本字也，蒸之本義是麻秸，非本字明矣。

烝，多也，《爾雅》：「烝，眾也。」「烝民」者，眾民也。烝又指娶父親的妻妾及兄長的妻妾，得名於下通上也。「烝淫」指與母輩通姦的淫行，泛指通姦。又指祭祀，特指冬天之祭祀，祠、礿、嘗、烝分指春、夏、秋、冬之祭也。

段注：「此烝之本義，引申之，則『烝，進也』，又引申之則久也，眾也。《左傳》凡下淫上謂之烝，經典多叚蒸為之者。」

烰 fú　　烝也。从火，孚聲。《詩》曰：烝之烰烰。〔縛牟切〕

【注釋】

蒸汽上升貌，常「烰烰」連用。又通「庖」，「烰人」謂廚師也。今《詩經·生民》作「烝之浮浮」。

煦 xù　　烝也。一曰：赤貌。一曰：溫潤也。从火，昫聲。〔香句切〕

【注釋】

常用義為溫暖，今有「和煦」。

熯 hàn　　乾貌。从火，漢省聲。《詩》曰：我孔熯矣。〔人善切〕

【注釋】

本義是乾燥，同「暵」，異部重文也。段注：「此與《日部》暵同音同義，从火猶从日也。」

炥 fú　　火貌。从火，弗聲。〔普活切〕

【注釋】

段注：「按此篆當是爕之或體。」

熮 liáo　　火貌。从火，翏聲。《逸周書》曰：味辛而不熮。〔洛蕭切〕

閃 lìn　　火貌。从火，㒂省聲。讀若粦。〔良刃切〕

㷳 yàn　　火色也。从火，雁聲。讀若雁。〔五晏切〕

【注釋】

讀若雁者，許書有以讀若破假借之例。

段注：「《韓子》：齊伐魯，索讒鼎，以其鴈往。齊人曰：鴈也。魯人曰：真也。鴈，蓋即㷳之假借字，如今之作偽古物曰燒瘢貨是也，俗作真贗。」

熲 jiǒng　　火光也。从火，頃聲。〔古迥切〕

【注釋】

本義是火光。「熲熲」，光明貌。

段注：「《小雅》：不出於熲。傳曰：熲，光也。箋云：不得出於光明之道。按火光者，字之本義，傳不言火但言光者，其引申之義也。」

爚 yuè　　火飛也。从火，龠聲。一曰：爇也。〔以灼切〕

【注釋】

本義是火光。段注改作「火光也」，可從。引申明亮也，照耀也，「爚爚」光明貌。

段注：「李善引《字指》曰：儵爚，電光也。按此字或借為耀字，或借為鑠字，或作爍者，俗體也。」

熛 biāo　　火飛也。从火，票聲。讀若摽。〔甫遙切〕

【注釋】

本義是火星迸飛，引申有明亮義，有焚燒義。從票之字多有輕、小、末梢義，見前「趮」字注。

段注：「按同部票、熛二字同音同義，熛即票聲，似票正、熛俗，故《集韻》《類篇》《韻會》皆合二為一。然李善、玄應所引皆有熛字，《玉篇》亦分載，未容改並。」

熇 hè　　火熱也。从火，高聲。《詩》曰：多將熇熇。〔臣鉉等曰：高非聲，當从嗃省。〕〔火屋切〕

【注釋】

熇熇，烈火燃燒貌。

段注：「《大雅・板》傳曰：熇熇然熾盛也。《易》：家人嗃嗃。鄭云：苦熱之意。是嗃即熇字也。《釋文》曰：劉作熇熇。」

烄 jiǎo　　交木然也。从火，交聲。〔古巧切〕

【注釋】

古代燃木祭天。《玉篇》：「交木然之，以尞柴天也。」

𤆍 chán　　小熱也。从火，干聲。《詩》曰：憂心𤆍𤆍。〔臣鉉等曰：干非聲，未詳。〕〔直廉切〕

燋 jiāo　　所以然持火也。从火，焦聲。《周禮》曰：以明火爇燋也。〔即消切〕

【注釋】

本義是用來引火的火炬，俗稱引火。《周禮》：「凡卜，以明火爇燋，遂歙其焌契，以授卜師。」《儀禮》：「楚焞置於燋。」鄭玄注：「燋，炬也。所以燃火者也。」又作為「焦」之俗字。

段注：「凡執之曰燭，未爇曰燋，燋即燭也。《士喪禮》注曰：燎大燋。大燋即大燭也。大燭樹於地，燭則執於手，人所持之火，以燋然之。燋者，苣為之。」

炭 tàn　　燒木餘也。从火，岸省聲。〔他案切〕

羨 zhǎ　　束炭也。从火，差省聲。讀若齹。〔楚宜切〕

敫 jiǎo　交灼木也。从火，教省聲。讀若狡。〔古巧切〕

炦 bá　火气也。从火，犮聲。〔蒲撥切〕

灰 huī　死火餘㶳也。从火，从又。又，手也。火既滅，可以執持。〔呼恢切〕

炱 tái　灰，炱煤也。从火，台聲。〔徒哀切〕

【注釋】

本義是黑色的煤煙。泛指煙塵、黑色。

段注：「《通俗文》曰：積煙曰炱煤。《玉篇》曰：炱煤，煙塵也。《廣韻》曰：炱煤，灰入屋也。按本部無煤，《土部》有塺字，《玉篇》炱、煤二文相接。」

煨 wēi　盆中火。从火，畏聲。〔烏灰切〕

【注釋】

本義是盆中火。引申在熱灰裏把食物煨熟。

段注：「《玉篇》作盆中火爊。《廣韻》曰：爊者，埋物灰中令熟也。《通俗文》曰：熱灰謂之煻煨。許無煻字，今俗謂以火溫出冬間花曰唐花，即煻字也。」唐花，指在室內用加溫法培養的花卉，亦稱作「堂花」。

熄 xī　畜火也。从火，息聲。亦曰滅火。〔相即切〕

【注釋】

今只作滅火。息有二義，增與滅也，利息、鼻息肉者，增長之義也。大禹治水時有「息壤」，謂能自生自長的土壤。休息、停息，滅滅之義也。

段注：「滅與蓄義似相反而實相成，止息即滋息。」

烓 wēi　行灶也。从火，圭聲。讀若冋。〔口迥切〕

【注釋】

能夠移動的灶。

煁 chén　　烓也。从火，甚聲。〔氏任切〕

【注釋】

可以移動的灶。

段注：「《小雅・白華》曰：樵彼桑薪，卬烘于煁。《釋言》曰：煁，烓也。毛傳曰：煁，烓灶也。郭璞云：今之三隅灶。按鄭箋云：『桑薪，薪之善者，不以炊爨養人，反以燎於烓灶，用照事物而已。』然則行灶非為飲食之灶，若今火爐，僅可照物，自古名之曰烓，亦名之曰煁。或叚諶為之，《春秋傳》碑諶字灶，知諶即煁字也。」

燀 chǎn　　炊也。从火，單聲。《春秋傳》曰：燀之以薪。〔充善切〕

【注釋】

本義是燒火做飯。又指火起貌、火焰，如「威燀旁達」。又指炎熱，如「夏無炎燀」。

炊 chuī　　爨也。从火，吹省聲。〔昌垂切〕

【注釋】

爨，燒火做飯，「分爨」謂兄弟分家也。

烘 hōng　　尞也。从火，共聲。《詩》曰：卬烘于煁。〔呼東切〕

【注釋】

本義是焚燒，引申出烤，今有「烘乾」。燔有燒義，也有烤義，同步引申也。今有渲染義，如「烘托」「烘雲託月」。范成大詩：「朝暾不與同雲便，烘作晴空萬縷霞。」今作溫暖貌，今有「暖烘烘」。

段注：「《小雅・白華》：卬烘于煁。毛傳及《釋言》皆曰：烘，燎也。」

齌 jì　　炊餔疾也。从火，齊聲。〔在詣切〕

【注釋】

為趕時間，以猛火煮飯。又極速也，「齌怒」，盛怒、暴怒。

段注：「晚飯恐遲，炊之疾速，故字从火。引申為凡疾之用，《離騷》曰：反信讒而竊怒。王注云：疾怒。」

熹 xī　　炙也。从火，喜聲。〔許其切〕

【注釋】

本義是炙烤，引申為光明義。「熹微」者，日光微明也，如「恨晨光之熹微」。常用作人名用字，朱熹，字元晦，名字義相反也。引申有熾、火旺義，《廣雅》：「熹，熾也。」木華《海賦》：「熹炭重燔。」

段注：「炙者，抗火炙肉也，此熹之本義，引申為熱也。《左傳》：或叫於宋大廟曰，譆譆出出。杜曰：譆譆，熱也。此同音叚借也，又與熙相叚借。」譆譆出出，象聲詞。

煎 jiān　　熬也。从火，前聲。〔子仙切〕

【注釋】

本義是熬，今有「煎藥」「煎熬」。今指用少量油炒。

段注：「《方言》：熬、聚、煎、僬、鞏，火乾也。凡有汁而乾謂之煎，東齊謂之鞏。」

熬 áo　　乾煎也。从火，敖聲。〔五牢切〕 熬，或从麥。

【注釋】

本義是煎乾、炒乾。

《說文》：「糗，熬米麥也。」糗是乾糧。《方言》：「熬，火乾也。凡以火而乾五穀之類，自山而東齊楚以往謂之熬。」長時間煮是後起義。「熬熬」，愁怨聲，又炎熱貌。

炮 páo　　毛炙肉也。从火，包聲。〔薄交切〕

【注釋】

連毛一起燒烤肉。

《詩經》有「炰鱉膾鯉」，今叫花子雞做法乃其遺制。雞身上塗滿泥巴，在火上烤，泥巴燒乾後，連毛一塊剝掉，肉嫩且鮮美。古有「炮烙」或「炮格」之刑，把人在銅柱上烤死。

大炮字本作砲，乃古代之發石機也。後發明了火炮，則以炮代之。泛指烤，又指焚燒。烘、燔皆有此二義，同步引申也。字或作「炰」，乃變換結構俗字也。

段注：「毛炙肉，謂肉不去毛炙之也。《瓠葉》傳曰：毛曰炮，加火曰燔。《禮運》注曰：炮，裹燒之也。按裹燒之即《內則》之塗燒。裹燒曰炮，爊煮亦曰炮，漢人爊煮多用炰字，炰與炰皆炮之或體也。」

裒 ēn　　炮肉，以微火溫肉也。从火，衣聲。〔烏痕切〕

【注釋】

今「煨粥」之本字也。《說文》：「煨，盆中火。」非本字明矣。

段注：「微火溫肉所謂炰也，今俗語或曰烏，或曰煨，或曰燜，皆此字之雙聲疊韻耳。」

䰝 zēng　　置魚筒中炙也。从火，曾聲。〔作滕切〕

【注釋】

罾、䰝同源詞也。

煏 bì　　以火乾肉。从火，稫聲。〔臣鉉等案：《說文》無稫字，當从䈏省，疑傳寫之誤。〕〔符逼切〕　籀文，不省。

【注釋】

俗作焙字，今河南方言猶有此語。

段注：「凡以火而乾五穀之類，自山而東齊楚以往謂之熬，關西隴冀以往謂之憊，秦晉之間或謂之㷉。省作煏，又或作焙，而異其音。《玉篇》作煏，無㷉。」

爆 bào　　灼也。从火，暴聲。〔蒲木切〕〔臣鉉等曰：今俗音豹，火裂也。〕

【注釋】

本義是燒灼，今作為爆炸字。

煬 yàng　　炙燥也。从火，昜聲。〔余亮切〕

【注釋】

本義是烘乾、烤乾，引申為火旺。熔化金屬亦謂之煬，《夢溪筆談》記載畢昇的印刷術，有「持就火煬之」句。引申有焚燒義，潘岳《西征賦》:「詩書煬而為煙。」

烘、炮、燔皆有烤、燒二義，同步引申也。古代謚法，好內遠禮謂之煬，此惡謚也，如隋煬帝。末代帝王的謚號多為下一個朝代所賜，故多惡謚。

熇 hú　　灼也。从火，隺聲。〔胡沃切〕

爤 làn（爛）　　孰也。从火，蘭聲。〔郎旰切〕 或从閒。

【注釋】

小徐本「孰」作「熟」，小徐多俗字。本義是熟爛。烂乃另造之俗字。又有明亮義，《詩經》:「明星有爛。」今有「燦爛」，同義連文。

「爛漫」，色彩鮮明美麗，今有「山花爛漫」，毛澤東詞：「萬木霜天紅爛漫。」又坦率貌，今有「天真爛漫」。又散亂、消散貌，如「忽爛漫而無成」。爛是光散，漫是水散。又隨意、無拘束，如「定知相見日，爛漫倒芳樽」。

段注：「火孰也。《方言》：自河以北趙魏之間火孰曰爛。孰者，食飪也。飪者，大孰也，孰則火候到矣。引申之，凡淹久不堅皆曰爛。孰則可燦然陳列，故又引申為粲爛。隸作爛，不从艸。」

爢 mí　　爛也。从火，靡聲。〔靡為切〕

【注釋】

今糜爛之本字，糜本義是粥，非本字明矣。

段注：「古多叚糜為之，糜訓糝，爢訓爛，義各有當矣。《孟子》：糜爛其民而戰之。《文選・答客難》：至則糜耳。皆用叚借字也。」

尉 wèi　　从上案下也。从𡰥，又持火，以尉申繒也。〔臣鉉等曰：今俗別作熨，非是。〕〔於胃切〕

【注釋】

本義是從上往下按。實乃熨衣服字之初文，後假借為校尉字，故加火作熨。

段注：「自上安下曰尉，武官悉以為稱。《張釋之傳》曰：廷尉，天下之平也。

《車千秋傳》：尉安黎庶。師古曰：慰安之字本無心，後俗所加。字之本義如此，引申之為凡自上按下之稱。《通俗文》曰：火斗曰尉。」

爞 jiāo　　灼龜不兆也。从火，从龜。《春秋傳》曰：龜爞不兆。讀若焦。〔即消切〕

灸 jiǔ　　灼也。从火，久聲。〔舉友切〕

【注釋】

今針灸者，實乃兩種醫療方法。針者，以針刺病也。灸者，用艾葉烘烤灼燒病變部位也。

段注：「今以艾灼體曰灸，是其一端也，引申凡柱塞曰灸。」

灼 zhuó　　灸也。从火，勺聲。〔之若切〕

【注釋】

本義是烤，引申出顯明、顯著義，如「彰灼」，又寫作「焯」。「灼灼」，明亮貌，《詩經》：「灼灼其華。」引申明白、透徹，今有「真知灼見」。

段注：「灸各本作炙，誤，今正。此與上灸篆為轉注。炙謂炮肉，灼謂凡物以火附箸之。醫書以艾灸體謂之壯，壯者，灼之語轉也。凡訓灼為明者，皆由經傳叚灼為焯，《桃夭》傳曰：灼灼，華之盛也。謂灼為焯之叚借字也。《周書》：焯見三有俊心。今本作灼見。」

煉 liàn　　鑠治金也。从火，柬聲。〔郎電切〕

【注釋】

本義是冶煉金屬。炼乃煉之草書楷化字形。

段注：「治，毛本作冶，誤，今依宋本。鑠治者，鑠而治之，愈消則愈精。高注《戰國策》曰：練，濯治絲也。正與此文法同。《金部》曰：煉，治金也。此加鑠者，正為字从火。」

燭 zhú　　庭燎，大燭也。从火，蜀聲。〔之欲切〕

【注釋】

庭燎者，庭中的大火把。燭之本義是蠟燭，但早期的蠟燭非用蠟作，乃用麻杆捆綁，上澆灌油脂，類似今之火把。引申出照亮義，今有「火光燭天」「洞燭其奸」。

段注：「按未爇曰燋，執之曰燭，在地曰燎。廣設之則曰大燭，曰庭燎，大燭與庭燎非有二也。賈公彥曰：『古者未有麻燭，古庭燎，以葦為中心，以布纏之，飴蜜灌之，若今蠟燭。』玉裁謂：古燭蓋以薪蒸為之，麻蒸亦其一端。麻蒸，其易然者，必云古無麻燭，蓋非。」

熜 zǒng　　然麻蒸也。从火，悤聲。〔作孔切〕

【注釋】

從悤聲，聲兼義也，把麻杆捆紮起來，故謂之熜。熜者，總也。

段注：「麻蒸，析麻中榦也，亦曰菆。菆，一作黀。古者燭多用葦，亦用麻，故先鄭注《周禮》曰：蕡燭，麻燭也。先鄭意蕡即黂字。鄭注《士喪禮》曰：燭用蒸。蒸即謂麻榦。」

灺 xiè　　燭𤎯也。从火，也聲。〔徐野切〕

【注釋】

本義是沒點完的蠟燭。也泛指燈燭，如「殘灺」「灺燭煒煌」。也指蠟燭燃燒後的灰。

𤎯 jìn（燼）　　火餘也。从火，聿聲。一曰：薪也。〔臣鉉等曰：聿非聲，疑从𦘒省。今俗別作燼，非是。〕〔徐刃切〕

【注釋】

今作為灰燼字。

段注：「引申為凡餘之稱。《左傳》：收合餘燼。《大雅》箋：災餘曰燼。《方言》：藎，餘也。周鄭之間曰藎，或曰孑。藎者，叚借字也。」

焠 cuì　　堅刀刃也。从火，卒聲。〔七內切〕

【注釋】

今淬火之本字也。鑄刀劍時，把燒紅的刀劍放入冷水中使其剛堅。

段注：「焠謂燒而內水中以堅之也。按火而堅之曰焠，與《水部》淬義別，《文選》訛作淬，非也。」

煣 rǒu　　屈申木也。从火、柔，柔亦聲。〔人久切〕

【注釋】

用火烤木材使彎曲。從柔之字多有彎曲義，見前「鞣」字注。

段注：「謂曲直之也。今《繫辭》傳、《考工記》皆作揉，蓋非古也。《手部》無揉字，《漢書·食貨志》：煣木為耒。」

樊 fén（焚）　　燒田也。从火、棥，棥亦聲。〔附袁切〕

【注釋】

今簡省作焚。古人田獵，為了把野獸从樹林裏趕出來，就採用焚林的辦法。本義是燒山，《韓非子》：「焚林而田。」

熑 lián　　火煣車网絕也。从火，兼聲。《周禮》曰：煣牙，外不熑。〔力鹽切〕

燎 liǎo　　放火也。从火，尞聲。〔力小切〕

【注釋】

燎，燒也，如「星星之火，可以燎原」。本義是焚燒草木，引申有烘烤義，今河南方言仍有烘烤義。燔、炮、烘、煬皆有燒焚、烤二義，同步引申也。

段注：「此與尞義別，《盤庚》曰：若火之燎於原。《小雅》：燎之方揚。箋云：火田曰燎。玄應引《說文》有火田為燎，《王制》曰：昆蟲未蟄，不以火田。」

票 biāo　　火飛也。从火、㓙。與䙴同意。〔方昭切〕

【注釋】

本義是火星迸飛。從票之字多有輕、小義，見前「熛」字注。

段注：「此與熛音義皆同，《玉篇》《廣韻》亦然，引申為凡輕銳之稱。漢有票姚校尉、票騎將軍。今俗間信券曰票，亦尚存古義。凡从票為聲者，多取會意。」

⿰火曹 zāo　焦也。从火，曹聲。〔作曹切〕

【注釋】

本義是燒焦，引申為灰燼。段注：「今俗語謂燒壞曰⿰火曹，凡物壞亦曰⿰火曹。」

⿱雥火 jiāo（焦）　火所傷也。从火，雥聲。〔即消切〕或省。

【注釋】

本義是燒焦。今通行重文焦。

烖 zāi（災、灾）　天火曰烖。从火，𢦏聲。〔祖才切〕或从宀、火。古文，从才。籀文，从巛。

【注釋】

天火，自然之火也。災的本義是火災，《左傳》：「禦廩災。」泛指災禍。

商承祚曰：「甲文从水、从戈、从火，以其義言之，水巛曰災，兵巛曰𢦏，火巛曰㶡。後孳乳為烖、災、灾、甾，結構任意，體多誤合也。」段注：「今惟《周禮》作烖，經傳多借菑為之，菑或訛為葘。」

煙 yān（烟）　火气也。从火，垔聲。〔烏前切〕或从因。古文。籀文从宀。

【注釋】

今簡化字作烟，實源自重文也。

焆 yè　焆焆，煙貌。从火，肙聲。〔因悅切〕

熅 yūn　鬱煙也。从火，昷聲。〔於云切〕

【注釋】

燃燒不旺的火堆冒出的濃煙。蘊、薀、慍，同源詞也。段注：「鬱與熅聲義皆同，煙熅猶壹壺也。」

⿰火皀 dí　望火貌。从火，皀聲。讀若馰顙之馰。〔都歷切〕

燂 hān / xián　火熱也。从火，覃聲。〔火甘切〕，又〔徐鹽切〕

焞 tūn　明也。从火，享聲。《春秋傳》曰：焞耀天地。〔他昆切〕

【注釋】

本義是光明，引申為盛大義，《詩經》：「戎車焞焞。」

段注：「焞，蓋亦取明火之意，引申之又訓盛，《采芑》傳曰：焞焞，盛也。漢時有敦煌郡，應劭《地理風俗記》曰：敦，大也。煌，盛也。唐時乃作燉煌，見《元和郡縣志》。燉乃唐人俗字，非焞之異體也。」

炳 bǐng　明也。从火，丙聲。〔兵永切〕

【注釋】

本義是明亮，如「炳炳」「炳然」。今有「彪炳千古」，彪亦明亮義。

焯 zhuó　明也。从火，卓聲。《周書》曰：焯見三有俊心。〔之若切〕

【注釋】

本義是明亮。今人有黃焯。段注：「今《尚書》作灼，古義焯、灼不同。」

照 zhào　明也。从火，昭聲。〔之少切〕

【注釋】

本義是明亮，如「照明」，今人有楊明照。

引申出日光義，如「晚照」謂落日也。引申出知曉義，今有「心照不宣」。引申出通知、告知義，今有「知照」。「關照」也有通知義，同義連文，關有通知、告知義。

煒 wěi　盛赤也。从火，韋聲。《詩》曰：彤管有煒。〔于鬼切〕

【注釋】

光明也，又光彩鮮明貌。

段注：「《詩·靜女》：彤管有煒。傳曰：煒，赤皃。此毛就彤訓之，盛明之一端也。」

烼 chǐ　盛火也。从火，从多。〔昌氏切〕

【注釋】

從多之字多有張開、大、盛義，見前「哆」字注。段注：「凡言盛之字从多。侈，多聲。」

熠 yì　盛光也。从火，習聲。《詩》曰：熠熠宵行。〔羊入切〕

【注釋】

本義是明亮貌，今有「光彩熠熠」。段注：「倉庚于飛，熠耀其羽。箋云：羽鮮明也。」

煜 yù　熠也。从火，昱聲。〔余六切〕

【注釋】

本義是明亮，引申出照耀義，引申出盛大義。

燿 yào（耀）　照也。从火，翟聲。〔弋笑切〕

【注釋】

本義是照耀，引申出光亮義，如「增日月之耀」。引申出顯示義，《國語》：「先王耀德不觀兵。」今有「耀武揚威」。

煇 huī（輝）　光也。从火，軍聲。〔況韋切〕

【注釋】

俗字作輝。本義是日光。

段注：「《日部》曰：暉，光也。二字音義皆同，煇與光互訓。析言之則煇光有別，朝旦為煇，日中為光。《史記》：斷戚夫人手足，去眼煇耳。此叚煇為薰也。俗作輝。」

煌 huáng　煌，煇也。从火，皇聲。〔胡光切〕

【注釋】

連篆為讀，煌煌，煇也。明亮貌。從皇之字多有大義，見前「皇」字注。

焜 kūn　　煌也。从火，昆聲。〔孤本切〕

【注釋】

明亮也。

炯 jiǒng　　光也。从火，同聲。〔古迥切〕

【注釋】

光亮貌，今有「炯炯有神」。

爗 yè（燁）　　盛也。从火，䍧聲。《詩》曰：爗爗震電。〔筠輒切〕

【注釋】

今作燁，簡化作烨。光亮盛貌。

爓 yàn（焰）　　火爓也。从火，閻聲。〔余廉切〕

【注釋】

今省作焰字。

段注：「古多叚炎為之，如《左傳》：其氣炎以取之，《司馬相如傳》：末光絕炎，《楊雄傳》：景炎炘炘。爓與燄篆義別，焰即爓之省。」

炫 xuàn　　爓耀也。从火，玄聲。〔胡畎切〕

【注釋】

本義是光明照耀，今有「炫目」，引申為炫耀義。或以為通「衒」，衒本義為誇耀。「炫耀」有誇耀義，有照耀義。

光 guāng　　明也。从火在人上，光明意也。〔古皇切〕 古文。 古文。

【注釋】

本義是光明。引申有景物義，今有「春光」「風光」「觀光」。光，景也。景的本義是日光。光有光明、景物義，景亦有此二義，同步引申也。

熱rè　　溫也。从火，埶聲。〔如列切〕

【注釋】

簡體字热乃草書楷化字形。

段注：「暑與熱渾言則一，析言有二，暑之義主濕，熱之義主燥。」關於四季溫度的高低，說「寒暑」，不說「寒熱」。

熾chì　　盛也。从火，戠聲。〔昌志切〕古文熾。

【注釋】

炽乃另造之俗字。本義是火旺盛，泛指旺盛。

燠yù　　熱在中也。从火，奧聲。〔烏到切〕

【注釋】

本義是熱在裏面，從奧聲，聲兼義也。常用義是熱，如「寒燠失時」。「燠熱」，悶熱也。「燠休」謂撫慰痛苦，《左傳》：「民人痛疾，而或燠休之。」

段注：「古多叚奧為之，《小雅》：日月方奧。傳曰：奧，暖也。奧者，宛也，熱在中，故以奧會意。」

煖xuān（暖）　　溫也。从火，爰聲。〔況袁切〕

【注釋】

俗字作暖，音 nuǎn。段注：「《說卦》傳：日以晅之。晅亦作烜，蓋即煖字也。今人讀乃管切，同煗。」

煗nuǎn（暖）　　溫也。从火，耎聲。〔乃管切〕

【注釋】

此溫暖之本字也，今通用暖字。段注：「今通用煖。」

炅jiǒng　　見也。从火、日。〔古迴切〕

【注釋】

本義是火光。常用義是明亮，如「炅炅」，「炅然」謂明亮貌。

炕 kàng　乾也。从火，亢聲。〔苦浪切〕

【注釋】

本義是乾。今河南方言仍有此語，如「炕燒餅」，即打燒餅也。今指北方的火炕。

段注：「謂以火乾之也。《五行志》曰：君炕陽而暴虐。師古曰：凡言炕陽者，枯涸之意。」

燥 zào　乾也。从火，喿聲。〔穌到切〕

威 miè　滅也。从火、戌。火死於戌，陽气至戌而盡。《詩》曰：赫赫宗周，褒似威之。〔許劣切〕

【注釋】

今灭（滅）之初文也。

焅 kù　旱气也。从火，告聲。〔苦沃切〕

【注釋】

此酷暑之本字也。段注：「與酷音義略同。」

燾 dào（燾）　溥覆照也。从火，壽聲。〔徒到切〕

【注釋】

隸變或作燾，簡化作焘。燾，覆蓋也。常作為人名用字，近人有張國燾。

段注：「《中庸》曰：闢如天地之無不持載，無不覆幬。注云：幬，或作燾。按《左傳》亦云：如天之無不幬。杜注：幬，覆也。蓋幬是叚借字，幬訓襌帳，帳主覆也。燾从火，故訓為溥覆照。」

爟 guàn（烜）　取火於日官名，舉火曰爟。《周禮》曰：司爟，掌行火之政令。从火，雚聲。〔古玩切〕烜或从亘。

【注釋】

向日光取火的官員。

烜，今音 xuān，今作烜赫字，原本一字之異體，後分別異用。烜指火盛，泛指盛。

又有光明義。曬乾亦謂之烜，《周易》:「雨以潤之，日以烜之。」熙亦有此三義，同步引申也。

㷭 fēng（烽）　燧，候表也。邊有警則舉火。从火，逢聲。〔敷容切〕

【注釋】

今俗字作烽。晚上燒火叫烽，白天燒煙叫燧。據說是用狼糞點燃，故叫狼煙。

段注:「張揖曰：晝舉㷭，夜燔燧。李善取其說。《廣韻》: 夜曰㷭，晝曰燧。蓋有誤。按孟、張說㷭、燧為二。許《𨸏部》曰：隧，塞上亭，守㷭火者也。則為一。」

爝 jué　苣火，祓也。从火，爵聲。呂不韋曰：湯得伊尹，爝以爟火，釁以犧豭。〔子肖切〕

熭 wèi　暴乾火也。从火，彗聲。〔于切歲〕

【注釋】

曬也，放在太陽下燒乾。

熙 xī　燥也。从火，配聲。〔許其切〕

【注釋】

本義是曝曬，如「仰熙丹崖，俯燥綠水」。

引申有光明義，《爾雅》:「熙，光也。」曹植《七啟》:「熙天耀日。」引申有興盛義，今有「熙熙攘攘」。又有安樂義，後寫作嬉，今有「眾人熙熙」，安樂貌也。又福也、吉也，《漢書》:「忽乘青玄，熙事備成。」

段注:「緝熙，光明也。《敬之》傳曰：光，廣也。是古光、廣義通。燥者，熙之本義，又訓興，訓光者，引申之義也。」

文一百一十二 重十五

爞 chóng　旱气也。从火，蟲聲。〔直弓切〕

【注釋】

爞爞，熱氣薰蒸貌。《詩經》:「旱既大甚，蘊隆爞爞。」

煽 shān　　熾盛也。从火，扇聲。〔式軏切〕

【注釋】

本義是熾盛，《詩經》：「豔妻煽方處。」《新唐書》：「然內寵方煽，太子終以憂死。」「煽行」謂熾盛、流行。今作動詞煽動。

烙 luò　　灼也。从火，各聲。〔盧各切〕

爍 shuò　　灼爍，光也。从火，樂聲。〔書藥切〕

【注釋】

灼爍，光明貌。

燦 càn（灿）　　燦爛，明瀞貌。从火，粲聲。〔倉案切〕

【注釋】

灿乃另造之俗字。瀞，淨也。燦之本義是明亮，今有「燦爛」，同義連文。

煥 huàn　　火光也。从火，奐聲。〔呼貫切〕

【注釋】

火光大貌，引申為明亮，今有「煥然一新」。從奐之字多有大義，見「奐」字注。

文六　新附

炎部

炎 yán　　火光上也。从重火。凡炎之屬皆从炎。〔于廉切〕

【注釋】

本義是火光上沖。《尚書》：「火曰炎上，水曰潤下。」保留本義。引申出燃燒義，今有「火炎昆岡，玉石俱焚」。引申出炎熱義。

段注：「《洪範》曰：火曰炎上。其本義也。《雲漢》傳曰：炎炎，熱氣也。《大田》傳曰：炎，火盛陽也。皆引申之義也。」

燄 yàn　火行微燄燄也。从炎，臽聲。〔以冉切〕

【注釋】

段注：「此篆與光爓字別，焰者，俗爓字也。《雒誥》曰：無若火始燄燄。《廣韻》曰：燄，火初著也。」

䑙 yǎn　火光也。从炎，舌聲。〔臣鉉等曰：舌非聲，當从甜省。〕〔以冉切〕

㷠 lǐn　侵火也。从炎，㐭聲。讀若桑葚之葚。〔力荏切〕

【注釋】

火延燒，又指火盛。

煔 shǎn　火行也。从炎，占聲。〔舒贍切〕

燅 xián　於湯中爚肉。从炎，从熱省。〔徐鹽切〕𤢿或从炙。

【注釋】

俗作燖。在熱水中把肉溫熱，也泛指煮肉。又指古代祭祀用的煮得半熟的肉，如「祭禮有腥、燖、熟三獻」。此「尋盟」之本字也。尋，溫也。

段注：「古文燅皆作尋，《記》或作尋。《春秋傳》：若可尋也，亦可寒也。按燅者正字，尋者同音假借字。」

燮 xiè　大熟也。从又持炎、辛。辛者，物熟味也。〔蘇俠切〕

【注釋】

段注：「此與《又部》燮篆義別。」後作為「燮」之俗體。

粦 lín　兵死及牛馬之血為粦。粦，鬼火也。从炎、舛。〔良刃切〕〔徐鍇曰：案《博物志》：戰鬥死亡之處，有人馬血積年為粦，著地入草木，如霜露不可見。有觸者，著人體後有光，拂拭即散無數，又有吒聲如鬻豆。舛者，人足也，言光行著人。〕

【注釋】

即今燐或磷字。磷火，俗稱「鬼火」。

文八 重一

黑部

黑 hēi　火所薰之色也。从炎上出囮。囮，古窗字。凡黑之屬皆从黑。〔呼北切〕

黸 lú　齊謂黑為黸。从黑，盧聲。〔洛乎切〕

【注釋】

從盧之字多有黑義，見前「鸕」字注。

段注：「經傳或借盧為之，或借旅為之，皆同音叚借也。旅弓、旅矢，見《尚書》《左傳》，俗字改為玈。」

黯 wèi　沃黑色。从黑，會聲。〔惡外切〕

【注釋】

沃黑者，光潤而黑也。段注：「按沃黑，《玉篇》《廣韻》皆作淺黑，疑沃字誤，淺字長。」

黯 àn　深黑也。从黑，音聲。〔乙減切〕

【注釋】

本義是深黑。

《史記·孔子世家》：「孔子為人，黯然而黑。」「黯然」謂昏暗的樣子，又心情沮喪的樣子，如「黯然淚下」，「黯然欲絕」，形容極其傷感的情狀。江淹《別賦》：「黯然銷魂者，惟別而已矣。」《神雕俠侶》楊過的黯然銷魂掌，是在極其悲傷時才能使出來。

黶 yǎn　中黑也。从黑，厭聲。〔於琰切〕

【注釋】

即黑痣也。段注改作「中黑也」，云：「謂黑在中也。黶者，閉藏貌也，其引申之義也。」

黳 yī　　小黑子。从黑，殹聲。〔烏雞切〕

【注釋】

即黑痣也。段注：「師古《漢書注》曰：黑子，今中國通呼為黶子，吳楚謂之志。志，記也。按黶、黳雙聲。」

黵 dá　　白而有黑也。从黑，旦聲。五源有莫黵縣。〔當割切〕

黬 jiān　　雖皙有黑也。从黑，箴聲。古人名黬字皙。〔古咸切〕

【注釋】

段注：「《仲尼弟子列傳》：曾蒧，字皙。奚容箴，字子皙。又狄黑，字皙。蒧、箴皆黬之省。《論語》曾皙，名點，則同音叚借字也。」

黭 yàng　　赤黑也。从黑，昜聲。讀若煬。〔餘亮切〕

黲 cǎn　　淺青黑也。从黑，參聲。〔七感切〕

【注釋】

本義是灰黑色，引申為色彩暗淡，「黲黷」謂混濁不清。

段注：「淺青之黑也，《通俗文》曰：暗色曰黲。《玉篇》曰：今謂物將敗時顏色黲也。」

黤 yǎn　　青黑也。从黑，奄聲。〔於檻切〕

黝 yǒu　　微青黑也。从黑，幼聲。《爾雅》曰：地謂之黝。〔於糾切〕

【注釋】

段注：「謂微青之黑也，微輕於淺矣。黝古多叚幽為之，《小雅》：隰桑有阿，其葉有幽。傳曰：幽，黑色也。《周禮．牧人》：陰祀用幽牲。先鄭云：幽讀為黝，黑也。」

黗 tūn　　黃濁黑。从黑，屯聲。〔他衮切〕

【注釋】

黃黑色。

段注：「謂黃濁之黑也。《廣雅》云：黗，黑也。䵒，黃也。蓋二字音義同，偏旁異耳。」

點 diǎn（点）　　小黑也。从黑，占聲。〔多忝切〕

【注釋】

点乃省旁俗字也。

點的本義是黑點。曾晳，字點，名字義相反也。引申出玷污義，《報任安書》：「適足見笑而自點也。」段注：「今俗所謂點涴是也，或作玷。」檢查、核對亦謂之點，辛棄疾詞：「沙場秋點兵。」古人一夜分五更，一更分為五點，一點約 24 分鐘，一更兩小時。

引申修改文章謂之點，今有「點篡」。古人於寫錯的字右邊加一點作為修改標誌，「文不加點」謂通篇沒有寫錯的字，沒有修改之處，喻文思敏捷，下筆成章，非謂通篇不加標點也。

今人常於寫錯之字上面亂塗成一片者，古人戲稱為「火棗糕」；或把該字圈住後用一條長線引向一邊以示刪除，古人戲稱為「赤練蛇」。皆非正確之修改符號也。古人寫字用墨筆，修書用朱筆，故有此戲稱。

黚 qián　　淺黃黑也。从黑，甘聲。讀若染繒中束緅黚。〔巨淹切〕

【注釋】

從甘者，兼義也。虦虎，黑虎也。黔者，黑也。

段注：「《地理志》犍為郡黚水作此字，許《水部》作黔水，音同故也。」

黔 jiān　　黃黑也。从黑，金聲。〔古咸切〕

黦 yuè　　黑有文也。从黑，冤聲。讀若飴盌字。〔於月切〕

【注釋】

黃黑色，又指東西打濕後出現黃黑色斑紋。

䵵 chuā　　黃黑而白也。从黑，算聲。一曰：短黑。讀若「以芥為齏，名曰芥荃也」。〔初刮切〕

䵤 jiǎn　　黑皴也。从黑，幵聲。〔古典切〕

【注釋】

今手上起繭子之本字也。

段注：「《皮部》無皴字，見於此。《戰國策》：墨子百舍重繭，往見公輸般。《淮南書》：申包胥累繭重胝，七日七夜至於秦庭。皆借繭為䵤也。」

黠 xiá　　堅黑也。从黑，吉聲。〔胡八切〕

【注釋】

本義是堅黑色，引申為聰明而狡猾。從吉之字多有堅直義，見前「桔」字注。

段注：「黑之堅者也。《石部》曰：硈，石堅也。亦吉聲也。引申為奸巧之稱，《貨殖列傳》云：桀黠奴，謂其性堅而善藏也。《方言》曰：慧，自關而東趙魏之間謂之黠，或謂之鬼。」

黔 qián　　黎也。从黑，今聲。秦謂民為黔首，謂黑色也。周謂之黎民。《易》曰：為黔喙。〔巨淹切〕

【注釋】

黎者，黑也。黔江又謂之烏江。黔首，黎民也。皆黑之義也。

段注：「黎，履黏也，與驪黧字同音，故借為黑義。耇下曰：老人面凍黎若垢。謂凍黑也，俗作黧，小徐本作黧，乃用俗字改許也。《大雅・雲漢》《禮記・大學》黎民皆訓眾民。《釋詁》曰：黎，眾也。宋人或以黑色訓黎民，殊誤。許言此者，證秦以前無黔首之稱耳，非謂黎、黔同義。」

據段注，黎民之黎訓眾也，黎明之黎訓遲也，黎明者，緩緩而明也，皆不訓黑。見前「邌」字注。

黕 dǎn　　滓垢也。从黑，冘聲。〔都感切〕

【注釋】

本義是污垢，引申為黑。

段注：「楊倞曰：湛濁謂沈泥滓也。按湛即黕之叚借字。《文選》注引魏文帝《愁霖賦》曰：玄雲黕其四塞。借黕為黑皃，引申之義也。」

黨 dǎng（党）　　不鮮也。从黑，尚聲。〔多朗切〕

【注釋】

今簡化作党，党、黨古為二字也，党為姓氏、党項族，都不能作黨。《說文》無党字。黨是黨派字。不鮮者，不鮮明也。

段注：「屈賦《遠遊篇》：時曖曖其曭莽。王注曰：日月晻黮而無光也。然則黨、曭古今字。《釋名》曰：『五百家為黨。黨，長也。一聚所尊長也。』此謂黨同尚。」

黨的常用義為古代的行政區劃，五百家為黨。又有集團、黨派義，引申出親族義，五服以內為族，五服以外者稱黨，如「父黨」「母黨」「妻黨」。《三字經》：「有伯叔，有舅甥。婿婦翁，三黨名。」引申出偏袒義，今有「黨同伐異」。本字當為攩，《說文》：「攩，朋群也。」段注：「此鄉黨、黨與本字。俗用黨者，假借字也。」

黷 dú　　握持垢也。从黑，賣聲。《易》曰：再三黷。〔徒谷切〕

【注釋】

本義是污濁，引申為黑，左思《吳都賦》：「林木為之潤黷。」引申為隨便、不莊重，「黷武」者，濫用武力也。「黷貨」者，貪財也。

段注：「古凡言辱者皆即黷，故鄭注《昏禮》曰：以白造緇曰辱。字書辱亦作黥，古字多叚借通用。許所據《易》作黷，今《易》作瀆，崔憬曰：瀆，古黷字也。玉裁按：鄭注云：瀆，褻也。瀆褻，許《女部》作嬻媟，若依鄭義則黷為叚借字，嬻為正字也。黷訓握垢，故从黑。《吳都賦》：林木為之潤黷。劉注曰：黷，黑茂皃。其引申之義也。」

黵 dǎn　　大污也。从黑，詹聲。〔當敢切〕

【注釋】

詹，大言也。從詹之字多有大義，如瞻（垂耳也）、澹（水搖也）、瞻（臨視也）、贍（豐厚也）等。

黴 méi（霉）　　中久雨青黑。从黑，微省聲。〔武悲切〕

【注釋】

為久雨所傷而生青色的斑點，後作霉字。

黜chù　　貶下也。从黑，出聲。〔丑律切〕

【注釋】

罷黜也，引申為消除、去掉，如「黜難」。引申為減少。

盤pán　　盤姍，下色。从黑，般聲。〔薄官切〕

黱dài（黛）　　畫眉也。从黑，朕聲。〔徒耐切〕

【注釋】

今眉黛本字也，《說文》無黛字。

黛乃畫眉之青黑色顏料。《通俗文》：「染青石謂之點黛。」《釋名》：「黛，代也。滅眉毛去之，以此畫代其處也。」《紅樓夢》：「西方有石名黛，可代畫眉之墨。」黛又代指眉毛，代指美女，白居易《長恨歌》：「六宮粉黛無顏色。」

段注：「《通俗文》曰：點青石謂之點黛。服虔、劉熙字皆作黛，不與許同，漢人用字不同之徵也。黛者，黱之俗。《楚辭》《國策》遂無作黱者。按朕聲本在七部、六部合音，轉入一部，又變其體為黛，如螟蟘字古亦作螟螣。」

儵shū（倏）　　青黑繒發白色也。从黑，攸聲。〔式竹切〕

【注釋】

今作為倏之異體字。常用義是迅速、急速，今有「倏而遠逝」。段注：「古亦叚為倏忽字。」

黬yù　　羔裘之縫。从黑，或聲。〔于逼切〕

【注釋】

《爾雅》作緎，羊羔皮的縫接處。又量詞，絲二十縷為緎，如「素絲五緎」。

段注：「《召南》：羔羊之革，素絲五緎。傳曰：『革猶皮也。緎，縫也。』許所據《詩》作黬。」

黗 diàn　　黗謂之垽。垽，滓也。从黑，殿省聲。〔堂練切〕

【注釋】

段注：「按黗與澱異字而音義同，實則一字也。澱、黗二篆異部而實一字也，故《爾雅·釋器》作『澱謂之垽』。」

黮 dǎn　　桑葚之黑也。从黑，甚聲。〔他感切〕

【注釋】

黑也。「黮䨴」，黑貌。「黮闇」，不明貌。

段注：「葚黑曰黮，故《泮水》即以其色名之。毛傳曰：黮，桑實也。謂黮即葚之叚借字也，許與毛小別矣。《廣雅》：黑也。則引申為凡黑之稱。《方言》云：私也。亦引申之義也。」

黤 yǎn　　果實黤黯黑也。从黑，弇聲。〔烏感切〕

【注釋】

黑也，又指愚昧、暗昧。段注：「《荀卿子》：黤然而雷擊之。注：黤然，卒至之皃。此叚借字也。」

黥 qíng　　墨刑在面也。从黑，京聲。〔渠京切〕 剠，黥或从刀。

【注釋】

墨刑也，五刑之一。刖、劓、墨、宮、大辟，此所謂五刑也。

段注：「此刑亦謂之墨，《周禮·司刑》注曰：墨，黥也。先刻其面，以墨窒之。」

黝 yǎn（憨）　　黝者而忘息也。从黑，敢聲。〔於檻切〕

【注釋】

今憨字也，《說文》無憨字。

段注：「《方言》《廣雅》皆曰：『黝，忘也。』忘而息，宋人所謂黑甜也，故从黑。今人所用憨字即此字之變也。」

黟 yī　　黑木也。从黑，多聲。丹陽有黟縣。〔烏雞切〕

【注釋】

段注：「《地理志》本作黟，師古所據作黝，乃誤本耳。今安徽徽州府黟縣是其地。」

文三十七　重一